BASTELSPASS

Laubsägen

Creative Ideen aus Holz rund ums Jahr

OZ creativ

Vorwort

Arbeiten mit Holz erfreut sich nach wie vor größter Beliebtheit. Denn Holz ist ein tolles Material, es strahlt Wärme aus und lässt sich gerade in Form von Sperrholz ausgesprochen gut bearbeiten.

Wer hat nicht schon in jungen Jahren erste Erfahrungen mit Laubsäge und Schleifpapier gemacht und die schönsten Figuren ausgesägt, die danach liebevoll mit Farbe ausgemalt wurden?

In diesem Band dreht sich alles ums Sägen. Ob Sie dabei ganz traditionell mit der Laubsäge arbeiten oder beispielsweise eine elektrische Dekupiersäge zu Hilfe nehmen wollen, ist Ihnen dabei selbst überlassen. Die Modelle in diesem Band sind so ausgewählt, dass sie auch mit einer Laubsäge gut gearbeitet werden können.

Wenn Sie ein wenig in dem Band blättern, werden Sie sehen, welche Vielfalt an Motivideen sich mit Holz umsetzen lassen. Die liebenswerten Figuren und Tiere begleiten Sie dabei durch das ganze Jahr. Wunderschön für Garten und Haustür geeignet sind die lustigen Lattenzaunfiguren, die Gästen einen fröhlichen Willkommensgruß entbieten oder dem Besucher vielleicht auch einen Hinweis geben, wie er seinen Gastgeber auf dem kürzesten Weg erreichen kann.

Setzen Sie mit den hier vorgestellten Motiven von Frühjahr bis Herbst farbenfrohe Hingucker in Garten, auf die Terrasse oder den Balkon. Lassen Sie sich aber auch inspirieren von einer Vielzahl an Dekoideen für drinnen. Nützliches wie Tassen- oder Zettelhalter, Kindergarderobe oder Bilderrahmen wechselt sich hier ab mit wunderschönen Dekorationen für das ganze Haus.

Lassen Sie an Halloween Hexen, Geister und Kürbisköpfe ihren Spuk treiben. Und genießen Sie eine besinnliche Advents- und Weihnachtszeit mit bezaubernden Engeln, mit Rentier und Weihnachtsmann und natürlich auch mit stimmungsvollen Lichtern und Leuchten.

Viel Freude und Erfolg beim kreativen Gestalten mit Holz wünscht Ihnen

Ihre Redaktion

Inhaltsverzeichnis

Herbstzeit

Winterfreuden und Weihnachtsdekorationen

Grundkurs Vorlagen übertragen

Material

- Transparentpapier
- extrafeiner Permanentfilzstift
- Kohlepapier, Klebefilm
- Bleistift (5B oder 6B)
- Falzbein oder Messerrücken

1. Das Transparentpapier über die gewünschte Vorlage legen und mit einem feinen Filzstift alle durchscheinenden Linien nachzeichnen.

2. Die durchgezeichnete Vorlage auf das Holzbrett legen. Zwischen das Transparentpapier und das Holz Kohlepapier mit der Schichtseite nach unten schieben und alles mit zwei Streifen Klebefilm fixieren. Mit einem Kugelschreiber oder Minenbleistift alle Linien der Vorlage nachfahren (wenig Druck genügt) und das Motiv auf das Holz übertragen.

Kohlepapier hinterlässt Linien, die übermalt werden müssen oder ist manchmal einfach nicht zur Hand. In diesem Fall gibt es eine andere Methode:

3. Die durchgezeichnete Vorlage umdrehen und alle Linien auf der Rückseite mit einem weichen Bleistift exakt nachfahren.

4. Nun diese Vorlage mit der Bleistiftseite auf das Holz legen. Das Transparentpapier an einer Stelle festhalten oder mit Klebefilm fixieren und die Linien mit dem Falzbein, einem Messerrücken oder einem Bleistift auf das Holz reiben.

Tipps:

Die unter Punkt 3 und Punkt 4 beschriebene Technik eignet sich nicht für Balsaholz, da durch das Reiben zu starke Druckstellen in dem sehr weichen Holz entstehen. Bleistiftlinien können auf Balsaholz im Gegensatz zu anderen Hölzern nicht wegradiert werden. Hier ist also sorgfältiges Arbeiten gefragt.

Grundkurs Sägen

Material

- Dekupiersäge
- Laubsäge mit Tischchen

1. Nach außen stehende Ecken sägen

Zum Sägen einer spitzen Ecke empfiehlt sich die auf der Abbildung dargestellte Technik: Zuerst einen Schenkel sägen, dann direkt an der Ecke eine Schlaufe arbeiten und danach den anderen Schenkel sägen. Beim Ändern der Sägerichtung in der Ecke wird diese immer leicht rund werden.

2. Nach innen gerichtete Spitzen sägen

Zuerst genau bis in die Ecke sägen. Dann mit dem Sägeblatt etwas zurück gehen und einen Bypass zur nebenliegenden Form sägen.

3. Ist das Werkstück ganz ausgesägt, die übrig gebliebenen Eckenfüllungen von der anderen Seite herkommend entfernen. Das Ergebnis ist eine saubere Spitze.

4. Die Schritte 1–3 gelten auch für das Arbeiten mit der Laubsäge. In diesem Fall darauf achten, dass das Holz flach auf dem Laubsägetischchen aufliegt und das Sägeblatt immer rechtwinklig in das Holz sticht. Der Sägebogen steht dabei parallel zum Unterarm.

Tipps:

Wechseln Sie ab und zu das Sägeblatt. Mit einem neuen und scharfen Blatt geht die Arbeit wesentlich einfacher und schneller voran und die Holzkanten fransen nicht so aus. Das spart Zeit bei der späteren Nachbearbeitung.
Für die Laubsäge gibt es so genannte runde Sägeblätter. Sie werden oft verwendet, wenn Kinder mit der Laubsäge arbeiten. Das runde Sägeblatt hat den Vorteil, dass es nicht verkantet. Einigermaßen gerade Schnitte sind mit diesen Blättern jedoch nur schwer möglich.

1

2

3

4

Grundkurs Nachbearbeiten

1

2

3

4

Material

- Schleifpapier für Holz (120er- und 240er-Körnung)
- Deltaschleifer
- Schraubstock
- Bohrmaschine oder Bohrständer
- Holzbohrer

1. Kanten brechen von Hand

Ein dünnes Buchenholzklötzchen leistet hier wertvolle Hilfe: Das Schleifpapier um das Klötzchen wickeln und damit an den Kanten des Werkstückes entlang fahren. So hat man das Schleifpapier besser im Griff und es hält wesentlich länger.

2. Kanten brechen mit dem Deltaschleifer

Auf Dauer ein unerlässliches Werkzeug zur Holzbearbeitung: Mit seinen Ecken kommt man selbst an unzugängliche Stellen des Werkstückes heran. Die Schleifpapiere haften per Klettverschluss auf dem Schleifkopf und sind im Nu gewechselt.

3. Rundstäbe seitlich bohren

Beim Bearbeiten von Rundhölzern für eine gute Auflage sorgen. Das Holz darf nicht wegrollen. Ein Minischraubstock erleichtert das Arbeiten.

4. Kleinteile bohren

Für diese Arbeit ist ein Schraubstock unerlässlich. Auch wer keinen Bohrständer hat und frei Hand mit der Bohrmaschine oder dem Akkuschrauber bohrt, muss Kleinteile unbedingt einspannen! Die Gefahr, sich beim Festhalten mit dem Bohrer selbst zu verletzen, ist viel zu groß. Teile aus Balsaholz können nicht eingespannt werden. Das weiche Holz würde vom Schraubstock zerdrückt werden.

Tipp:

Es geht auch ohne Strom: Kleine Löcher im Holz, etwa Löcher für die Befestigung der Aufhängedrähte, können ohne weiteres mit einem Handbohrer gebohrt werden.

Grundkurs Bemalen

Material

- Marabu-Decormatt Acryl gemäß Anleitung
- Marabu-Krakelee-Medium
- farbloser Lack auf Wasserbasis
- Lackstifte, Pinsel

1. Krakelieren

Beim Krakelieren springt die oberste Farbschicht auf und die Farbe darunter wird durch die Risse sichtbar. Krakelee-Medium wird also auf das rohe Holz oder die erste getrocknete Farbschicht aufgetragen. Das Medium trocknet dann glänzend auf. Zügig mit einem breiten Haarpinsel die nächste Farbschicht aufbringen. Der Krakeliereffekt tritt sofort ein. Bei dünnem Farbauftrag bilden sich feine, bei dickerem Farbauftrag gröbere Risse.

2. Grundieren

Da Holz stark Flüssigkeit aufsaugt, ist es besser, die Werkstücke zu grundieren – es sei denn, man wählt bewusst den rohen Holzton. Auf weiß grundiertem Holz leuchten besonders helle Farben schöner.

3. Einlassen

Soll der rohe Holzton ohne Grundierung, etwa als Hautfarbe, zur Geltung kommen, ist es ratsam, die Sägearbeit vor der Bemalung dennoch farblos mit wasserverdünnbarem Lack einzulassen. Je nach Beschaffenheit der Farbe oder des Holzes könnten die Decorfarben sonst in die Maserung verlaufen (linke Bildseite).

4. Verzieren

Das Werkstück gewinnt durch Feinheit in der Bemalung. Dünne Linien mit dem Pinsel sind aber nicht jedermanns Sache. Für extrafeine Verzierungen Lackstifte der Stärke EF (z. B. Marabu-Brilliant Painter) wählen. Oft ist der Umgang mit einem Stift vertrauter als der mit Pinseln.

Tipp:

Verwenden Sie Haarpinsel guter Qualität. Borstenpinsel eignen sich ebenso wenig wie Schulmalpinsel, die immer wieder Haare verlieren.

Im Zwergenreich

1. Die Vorlagen der Körper, Beine und Arme auf Transparentpapier durchpausen.

2. Jeden Körper einmal, Arme und Beine jeweils zweimal auf das Sperrholz übertragen. Dabei Arme und Beine jeweils einmal seitenverkehrt übertragen, die Bohrmarkierungen ebenfalls kennzeichnen. Alle Teile aussägen und die Bohrlöcher arbeiten. Danach die Kanten mit Schleifpapier glätten und die Halbkugeln als Nasen aufkleben.

3. Alle drei Zwerge laut Abbildung bemalen und nach dem Trocknen mit Mattlack versiegeln.

4. Nun erhalten die Schuhe farblich kontrastierende Schnürsenkel. Dem grünen Zwerg die Sisalblume umhängen. Der rote Zwerg bekommt ein Mini-Weidenkörbchen, das mit Draht an der Hand befestigt wird.

5. Die Arme und Beine werden mit Drahtstücken an den Körpern befestigt.

Material

- Sperrholz, 12 mm stark
- Marabu-Decormatt Acryl in Mittelgelb, Kirschrot, Mittelbraun, Hautfarbe, Schwarz, Weiß, Olivgrün, Kirschrot
- Stickgarn in Grün, Rot
- Marabu-Mattlack
- Pinsel
- 3 halbe Holzperlen, Ø 1,5 cm
- Sisalblume, Ø 7 cm
- 40 cm Band in Orange, 4 mm breit
- Mini-Weidenkörbchen, 8 cm hoch
- Bindedraht
- Transparent- und Kohlepapier
- weicher Bleistift
- Schere
- Kraftkleber
- Schleifpapier
- Stichsäge
- Bohrmaschine, Holzbohrer

Modell 1, Vorlagen auf den Seiten 84/85

Tulpengrüße aus Amsterdam

1. Tulpe und Blatt abpausen und für jeden Tulpenstiel die Blüte einmal, das Blatt zweimal auf ein Brettchen übertragen und aussägen. Die Latten für die Blumenstiele auf 85 cm, 70 cm und 60 cm Länge zusägen.

2. Zum Befestigen der Tulpe und des vorderen Blattes die Löcher laut Vorlage durch die Latten bohren. Die Löcher für das hintere Blatt ebenfalls durch das Blatt bohren.

3. An der späteren Unterseite der Latte diese zu einer Spitze sägen. Danach alle Kanten und Flächen der Tulpen und Blätter mit Schleifpapier glätten.

4. Blätter und Blüten bemalen, dabei die Farben nach Wunsch mit Schwarz etwas abdunkeln. Nach dem Trocknen die Innenlinien der Blüten mit dunklerer Farbe nachziehen und mit Mattlack versiegeln.

5. Alle Teile zusammenschrauben und die Blumen dann in den Boden stecken.

Material

- Glattkantenbrettchen in Fichte, 20 cm breit, ca. 15 mm stark
- Dachlatten, 24 x 28 mm, 45 bis 85 cm lang
- Marabu-Mattlack

- Marabu-Decormatt Acryl in Gelb, Karminrot, Violett, Grün, Dunkelgrün
- breiterer Flachpinsel
- Rundhaarpinsel
- Flachkopfschrauben, ca. 35 mm lang
- Transparent- und Kohlepapier
- weicher Bleistift (2B)
- 120er Schleifpapier
- Bohrmaschine, Holzbohrer, Ø 4 mm
- Laubsäge mit Zubehör

Modell 2, Vorlagen auf den Seiten 86/87

Freundlicher Hase

1. Die Vorlage mit Transparentpapier abpausen, vergrößern und auf das Sperrholz übertragen. Nach dem Aussägen alle Kanten und Flächen mit dem Schleifpapier glätten.

2. Konturenlinien wie Mund und Latzhose mit dem Cutter durch Schnitzen herausarbeiten.

3. Hase und Korken weiß grundieren. Nach dem Trocknen den Hasen laut Abbildung anmalen. Hierzu die Farben mit Wasser verdünnen, mit dem Borstenpinsel auftragen und mit dem Tuch nachwischen. Die „Felloptik" erreicht man durch kreisförmiges Auftragen und Wischen. Augen, Mund und Krallen einzeichnen.

4. Für die Schnurrhaare drei unterschiedlich lange Stücke Blumenbindedraht zusammen mittig um den Nagel, direkt hinter dem Nagelkopf, wickeln. Den Nagel als Nase einschlagen und auf der Rückseite den Korken auf das überstehende Ende stecken. Eventuell den Korken zusätzlich mit dem Modell verleimen.

Material

- Sperrholz, 8 mm stark
- Marabu-Decormatt Acryl in Weiß, Mittelgelb, Mittelbraun, Azurblau, Kirschrot
- grober Borstenpinsel
- altes Tuch
- 1 langer Nagel
- Korken einer Weinflasche
- Blumenbindedraht, verzinkt, Ø 1mm
- Transparent- und Kopierpapier
- Bleistift
- Zange
- Cutter
- Hammer
- Holzleim
- Schleifpapier
- Dekupier- oder Stichsäge

Modell 3, Vorlage auf Seite 87

Osterküken aus Sperrholz

1. Die Vorlage mit Transparentpapier abnehmen und mit Kopierpapier auf das Sperrholz übertragen.

2. Mit der Laubsäge das Küken aussägen, dann die Sägekanten und eventuell die Oberfläche mit Schleifpapier glätten.

3. Das Küken laut Foto anmalen. Nach dem Trocknen die Küken in ein Kressebett oder, wie hier gezeigt, in einen Blumentopf mit Blumensteckmasse und Heu stecken. Der Tontopf wird zum Schluss ebenfalls mit Acrylfarbe angemalt.

Tipp

Damit die Küken glänzen, können sie zum Schluss mit Mattlack überzogen werden.

Material

- Marabu-Decormatt Acryl in Hellgrün, Orange, Gelb, Karminrot, Ultramarinblau
- dünner und dicker Borstenpinsel
- Sperrholz, 6 mm stark
- Transparentpapier, Kopierpapier
- Bleistift
- Schleifpapier
- Laubsäge

Modell 4, Vorlage auf Seite 89

Muntere Hasen

1. Die Vorlagen abpausen, vergrößern und auf das Holz übertragen. Für die Eier und den Drachen Holzreste verwenden.

2. Hasen, Eier und Drachen entlang der Konturen aussägen und die Kanten mit Schleifpapier glätten.

3. Laut Abbildung alle Zuschnitte bemalen. Damit die Farben nicht zu strahlend wirken, diese mit etwas Weiß oder Grau abtönen. Nach dem Trocken mit dem Schleifpapier von den Kanten etwas Farbe abnehmen.

4. Aus Holzresten Sockel zusägen, die Oberkanten laut Foto abschrägen und die Sockel bemalen. Auch hier an den Kanten Farbe abschmirgeln.

5. In die Latzhose des Vaters als Knöpfe die Blauköpfe einschlagen. Der Nachwuchs trägt Holz-Ostereier: Zum Befestigen in Pfote und Eier je ein kleines Loch bohren. Auch die Hasen-Eltern bekommen ein Loch in die Pfote: Ein Stück Draht durchziehen, zur Spirale biegen und als Halterung für eine Blüte oder Grußkarte nutzen. Die fertigen Hasen mit Holzleim auf den Sockeln befestigen.

Material

- Marabu-Decormatt Acryl in Hellblau, Gelb, Smaragd, Karminrot, Weiß sowie Grau zum Abmischen
- Pinsel, Bleistift
- Holz, 18 mm stark
- Holzreste, ca. 8 mm stark
- Blumendraht
- Nägel (Blauköpfe)
- Transparent- und Kopierpapier
- Holzleim
- Schleifpapier
- Stichsäge

Modell 5, Vorlagen auf den Seiten 88/89

Wichtel als Kantenhocker

1. Die Vorlagen abpausen, auf das Holz übertragen und aussägen. Alle Kanten mit Schleifpapier glätten.

2. Alle Zuschnitte bemalen und nach dem Trocknen für den Antik-Effekt die Kanten nachschleifen. Die Plastikhalbperlen mit Kraftkleber als Augen im Gesicht der Figuren anbringen.

3. Die Löcher für Arme und Beine laut Vorlage markieren und etwa 1,5 cm tief in den Korpus bohren. In die Zipfelmützen ein Loch bohren. Danach Korpus und Sockel zusammenleimen und von unten mit einer Holzschraube sichern.

4. Den Aludraht in gewünschter Länge zuschneiden und als Arme und Beine mit Heißkleber in den Löchern befestigen.

5. Zum Schluss die Holzkugeln als Hände und Füße mit Heißkleber befestigen. Aus Karostoff zwei Dreiecke ausschneiden und den Wichteln als Halstuch umbinden.

Material

- Fichtenleimholz, 18 mm
- Marabu-Decormatt Acryl in Hautfarbe, Karminrot, Saftgrün, Mittelbraun
- Pinsel
- 8 Holzkugeln, Ø 20 mm
- je 3 Pompons in Grün und Rot, Ø 7 mm
- 4 Plastikhalbperlen in Schwarz, Ø 4 mm
- 2 Glöckchen, Ø 10 mm
- Aludraht, formbar, Ø 2 mm
- 2 Holzschrauben, 45 mm lang
- Karostoff
- Transparent- und Kohlepapier

- Bleistift
- Heißkleber
- Holzleim, Kraftkleber
- Zange
- Schleifpapier
- Bohrer, Holzbohrer, Ø 2 mm
- Rundsäge

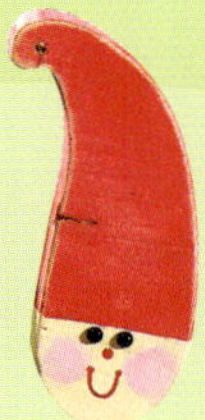

Modell 6, Vorlagen auf Seite 90

Unentbehrliche Gänsekiste

1. Die Vorlagen auf Entwurfpapier durchpausen, wenden und mit Klebefilm auf dem Sperrholz fixieren. Den Zaun und die Außenkontur der Gans nachziehen und so übertragen. Alle Teile zweimal auf das Sperrholz übertragen und zusägen. Für die Innenausschnitte des Zauns in jede Ecke ein Loch bohren, Sägeblatt durch dieses führen und die Ausschnitte aussägen. Dann alle Kanten und Flächen glatt schleifen.

2. Den Griff am Zeitungshalter so einstecken, dass er an einer Außenkante bündig ist. An der gegenüberliegenden Seite den Überstand markieren und absägen.

3. Zeitungshalter innen und außen, Gänse beidseitig und beide Zäune einseitig weiß grundieren. Nach dem Trocknen die Innenlinien der Gänse übertragen, Schnabel und Auge auch auf die Rückseite.

4. Für den Zaun Ultramarinblau mit viel Weiß aufhellen. Alle Teile laut Foto bemalen. Die Schattenpartien der Gänse in Hellblau arbeiten. Mit einem trockenen Flachpinsel etwas tannengrüne Farbe auf die Außenseite des Zeitungsständers streichen.

5. Griff einkleben und Gänse und Zäune aufleimen. Die Blüten mit Alleskleber befestigen.

Material

- Wood-Art Zeitungshalter
- Sperrholzplatte, 30 x 60 cm, 5 mm stark
- Marabu-Decormatt Acryl in Weiß, Ultramarinblau, Orange, Gelbgrün, Tannengrün, Schwarz
- Flachpinsel
- Feinhaarpinsel Gr. 1 und Gr. 5
- Deko-Vergissmeinnicht in Creme
- Entwurfpapier
- weicher Bleistift (2B)
- Klebefilm
- Holzleim
- Alleskleber Kraft
- Schmirgelpapier, 150er Korn
- Bohrmaschine, Bohrer, Ø 3 mm
- Laubsäge

Modell 7, Vorlagen auf Seite 90

Niedlicher Gartenbewohner

1. Maulwurf und Arm mit Transparentpapier abpausen und die Vorlagen mit Kohlepapier auf das Holz übertragen. Alle Teile entlang der Außenkontur zusägen und die Kanten mit Schleifpapier glätten.

2. An den markierten Stellen die Löcher bohren, danach alle Teile weiß grundieren.

3. Die Holzzuschnitte laut Abbildung bemalen, gut trocknen lassen und nach Wunsch mit Mattlack versiegeln.

4. Den Arm mit Bindedraht am Maulwurf befestigen. Wer möchte, fertigt für die Rückseite ebenfalls einen Arm an.

Material

- Sperrholz, 12 mm stark
- Marabu-Decormatt Acryl in Schwarz, Weiß, Karminrot, Sand, Saftgrün
- Pinsel, weicher Bleistift
- Bindedraht, Schleifpapier
- Transparent- und Kohlepapier
- Bohrmaschine, Holzbohrer
- Stichsäge

Modell 8, Vorlagen auf den Seiten 90/91

Gartenfrau

1. Die Schulter laut Vorlage markieren und zusägen, die Hände von den Armen absägen. Gut schleifen, dann in die Arme unten sowie in die Hände unten und oben jeweils ein kleines Loch bohren und Hände und Arme mit Draht verbinden.

2. Die Standplatte mit Holzschrauben und etwas Holzleim unter der Figur fixieren. Für die Wackelarme seitlich in Höhe der Schultern zwei Löcher in die Standfigur bohren. Den Holzstab in zwei Teile sägen, an jeweils einem Ende ein 1 mm starkes Loch bohren und ein Stück Bindedraht einziehen. Die Arme mit entsprechenden Bohrlöchern versehen und mit dem Stab als Dübel an den Schultern befestigen.

3. Aus Sperrholz den Kopf zusägen, die Kanten glätten und an den Körper leimen. Die Halbholzkugel als Nase aufkleben, dann die Figur bemalen.

4. Aus langen Bastfäden zwei Zöpfe formen und auf der Oberseite des Kopfes mit Heißkleber befestigen.

5. Das Schild beschriften und mit Bindedraht an den Händen fixieren. Zum Schluss den Hut aufsetzen, die Kette umhängen und die Rosenranke dekorativ darum drapieren.

Material

- Fichtenholzbrett (roh), 22 mm stark: 23 x 90 cm (Figur), 15 x 40 cm (Standplatte) und 40 x 20 cm (Arme)
- Holz für das Schild, 15 x 35 cm
- Sperrholz, 16 x 18 cm, 12 mm stark (Kopf)
- Holzstab, 10 cm lang, Ø 5 mm
- 2 Holzschrauben, 45 mm lang
- Holzperlen in Lila, Ø 7 mm
- 1 Holzhalbperle, Ø 2 cm
- Marabu-Decormatt Acryl in Schwarz, Weiß, Hautfarbe, Olivgrün, Lavendel, Karminrot
- Pinsel
- Naturbast, Schnur, Bindedraht
- Strohhut, Ø 30 cm
- Minirosenranke in Zartrosa
- Transparent- und Kohlepapier
- weicher Bleistift
- Holzleim und Heißkleber
- Schleifpapier
- Bohrmaschine, Holzbohrer
- Stichsäge

Modell 9, Vorlage auf Seite 92

Aus Baum wird Blume

1. Alle späteren Verbindungsstellen an Blütenblättern und Blumenstiel vorbohren.

2. Die Scheiben für die Blüte und die Zaunlatte für den Stiel so lasierend bemalen, dass die Holzmaserung erkennbar bleibt. Der runde „Korb" der Blüte bekommt einen gelben Anstrich, der zur Mitte hin heller wird. Die verschiedenen Farben für die Blütenblätter werden gleichzeitig nass aufgetragen, so dass sie ineinander verlaufen. Die grünen Blätter erhalten zum Schluss zusätzlich rötliche Akzente.

3. Nach dem Trocknen die Blume an den vorgebohrten Verbindungsstellen mit Nägeln oder Holzschrauben zusammensetzen, dabei zusätzlich etwas Kraftkleber verwenden.

4. Zum Schluss die Blume mit Klarlack versiegeln und alles gut trocknen lassen.

5. Bei Bedarf auf der Rückseite für eine Aufhängung an Haken oder Nägeln Löcher anbringen.

Material

- Rindenscheibe, rund, Ø 14 cm
- 7 Rindenscheiben, oval, Ø 25 cm
- Rindenscheibe, oval, Ø 30 cm
- Zaunlatte, halbrund
- Marabu-Decormatt Acryl in Schilf, Karminrot, Mittelgelb, Dunkelgrün, Ultramarinblau, Weiß
- Marabu-aqua-Klarlack
- Pinsel
- Holzschrauben oder Nägel
- Kraftkleber
- Bohrmaschine
- Holzbohrer
- Laubsäge

Modell 10

Mädchen mit Herz

1. Die Vorlage abpausen und vergrößern. Kopf und Herz auf das Holz übertragen, zusägen und die Kanten glätten.

2. Die Schulter laut Abbildung vorzeichnen und zusägen, dann Gesicht, Frisur und Kleid mit einem weichen Bleistift vorzeichnen. Den Kopf mit Holzleim an der Figur befestigen, dann Figur, Herz und Halbperlen laut Abbildung bemalen. Nach dem Trocknen die Haken in der gewünschten Höhe anschrauben.

3. Die Holzperlen mit Heißkleber auf der Frisur fixieren. Auf Wunsch alles mit Klarlack versiegeln.

4. Den Standfuß mit zwei Holzschrauben und Holzkleber befestigen. Zum Schluss das Herz mit einem Stück Bindedraht um den Hals der Figur hängen und den Weidenkorb anbringen.

Material

- Fichtenholzbrett, roh, 22 mm stark: 23 x 115 cm (Figur), 23 x 33 cm (Standfläche)
- Sperrholz, 12 mm stark, 25 x 31 cm (Kopf)
- Sperrholz, 4 mm stark, 12 x 17 cm (Herz)
- Marabu-Decormatt Acryl in Weiß, Schwarz, Hautfarbe, Saftgrün, Sand
- Marabu-aqua-Klarlack
- Pinsel
- 6 Holzhalbperlen, Ø 2 cm
- 2 Haken mit Schrauben, 45 mm lang
- Weidenkörbchen
- Bindedraht
- Transparent- und Kohlepapier
- weicher Bleistift
- Heißkleber und Holzleim
- Schleifpapier
- Bohrmaschine und Holzbohrer
- Stichsäge

Modell 11, Vorlagen auf Seite 93

Lustiges Lämmchen

1. Mit Transparentpapier die Vorlagen abnehmen und auf das Holz durchpausen, dabei Arme, Beine und Ohren jeweils zweimal durchpausen. Anschließend die Einzelteile aussägen und die Kanten mit Schleifpapier glätten.

2. Laut Vorlage die Bohrlöcher übertragen und mit dem Holzbohrer kleine Löcher bohren.

3. Das Gesicht aufmalen, dann alles laut Abbildung bemalen und trocknen lassen.

4. Die einzelnen Teile des Schafes danach mit Bindedraht zusammenfügen.

5. Zum Schluss das Glöckchen auf ein Karoband fädeln und um den Hals des Lämmchens legen.

Material

- Sperrholz, 12 mm stark
- Marabu-Decormatt Acryl in Weiß, Schwarz, Azurblau, Olivgrün, Vanille, Hautfarbe
- Pinsel
- Karoband in Blauweiß, 40 cm lang
- Metallglöckchen, Ø 9 mm
- Transparent- und Kohlepapier
- weicher Bleistift
- Bindedraht
- Kraftkleber
- Schleifpapier
- Bohrmaschine
- Holzbohrer
- Stichsäge

Modell 12, Vorlagen auf Seite 94

Bunter Hahn

1. Die Vorlagen abpausen, mit Kohlepapier auf das Sperrholz übertragen, entlang der Konturen zusägen und alle Kanten glätten.

2. An den markierten Stellen die einzelnen Teile mit dem Holzbohrer vorbohren.

3. Nun alle Teile weiß grundieren; bei Bedarf die Farbe mehrmals auftragen. Danach die einzelnen Teile laut Abbildung bemalen, dabei nach jedem Auftragen die Farbe gut trocknen lassen, bevor die nächste Farbe daneben gesetzt wird.

4. Zuletzt das Gesicht gestalten. Für die schwarze Strukturierung mit einem trockenen Pinsel Farbe aufnehmen und vorsichtig über die jeweiligen Stellen streichen. Nach Wunsch die Bemalung an einigen Stellen leicht anschleifen, um einen Patina-Effekt zu erhalten.

5. Nach dem Trocknen alle Teile mit Bindedraht zusammenfügen.

Material

- Sperrholz, 12 mm stark
- Marabu-Decormatt Acryl in Olivgrün, Vanille, Weiß, Schwarz, Mittelgelb, Karminrot, Sand
- Pinsel
- Transparent- und Kohlepapier
- weicher Bleistift
- Bindedraht
- Schleifpapier
- Bohrmaschine
- Holzbohrer
- Stichsäge

Modell 13, Vorlagen auf Seite 95

Schwein Charlotte

1. Die Vorlagen abpausen und auf das Sperrholz übertragen. Arme, Beine und Ohren je zweimal, den Körper einmal zusägen und alle Kanten mit Schleifpapier glätten. An den angezeichneten Punkten in die einzelnen Teile Löcher bohren, dabei ganz nach Wunsch auch zwei Löcher für die Aufhängung bohren.

2. Aus Karminrot und Weiß ein sattes Pink mischen und alle Teile ein- bis zweimal bemalen. Zum Schluss das Gesicht laut Foto gestalten. Wird es von der Vorlage übertragen, die Zeichnung mit der Bleistiftlinie nach unten auflegen und die Linien nachziehen. Für die dunklere Strukturierung mit dem trockenen Pinsel wenig Schwarz aufnehmen und über die Kanten und Flächen streichen.

3. Alle Teile mit Bindedraht verbinden, dabei auch die Aufhängung herstellen. Das Dreiecktuch um den Hals der Figur knüpfen.

Material

- Sperrholz, 12 mm stark
- Marabu-Decormatt Acryl in Weiß, Karminrot, Schwarz
- dreieckiger Stoffrest für das Halstuch
- Transparent- und Kohlepapier
- Bindedraht, Pinsel
- weicher Bleistift
- Schleifpapier
- Bohrmaschine, Holzbohrer
- Stichsäge

Modell 14, Vorlagen auf Seite 96

Kuh Elli bewacht die Milch

1. Die Vorlagen übertragen, alle Teile zusägen und die Löcher bohren, wie beim Schwein Charlotte beschrieben.

2. Alle Zuschnitte ein- bis zweimal weiß grundieren und trocknen lassen. Danach schwarze Kuhflecken sowie sandfarbene Hörner und Hufe aufmalen. Weiß und Karminrot zu einem Rosa mischen und die Nase ausmalen. Nach dem Trocknen Mundlinie und Augen gestalten. Hierfür eine Zahnstocherspitze in schwarze Farbe tauchen und diese vorsichtig auftragen. Zum Schluss etwas Karminrot auf ein Stück Pappe auftragen, die Farbe gut antrocknen lassen, dann mit einem trockenen Pinsel ganz wenig Farbe aufnehmen und vorsichtig die Apfelbäckchen aufmalen. Zuviel Farbe mit einem Papiertuch abnehmen. Für die Kanten mit dem trockenen Pinsel wenig schwarze Farbe aufnehmen.

3. Mit Bindedraht alle Teile verbinden, dabei auch eine Aufhängung herstellen.

Material

- Sperrholz, 12 mm stark
- Marabu-Decormatt Acryl in Weiß, Schwarz, Sand, Karminrot
- Pinsel
- Transparent- und Kohlepapier
- weicher Bleistift
- Bindedraht
- Schleifpapier
- Bohrmaschine, Holzbohrer
- Stichsäge

Modell 15, Vorlagen auf Seite 97

Stecker fürs Gemüsebeet

1. Die Vorlagen abpausen, die Konturen auf das Holz übertragen und aussägen. Alle Kanten und Flächen glatt schleifen.

2. Alle Beet-Stecker weiß grundieren und nach dem Trocknen noch einmal schleifen. Dann die Gemüsemotive auf eine Seite der Stecker übertragen und laut Foto bemalen. Zuerst das Gemüse im Grundton ausmalen: Rote Beete in Bordeaux, Radieschen in Karminrot, Tomaten in Kirschrot, Karotten in Orange, Zwiebeln in Sand und Lauch in Gelbgrün und Weiß.

3. Damit das Gemüse plastisch wirkt, weiße Lichtreflexe partieweise als Streifen (z. B. bei der Karotte) oder als Lichtpunkt (bei den Tomaten) aufmalen. Zum Abdunkeln im „Schattenbereich" entsprechend dunklere Farben (teilweise durch Mischen) verwenden.

4. Die Blätter in Gelbgrün ausmalen und mit Saftgrün schattieren. Die Hintergründe und Rückseiten beliebig unifarben malen. Danach die Gemüsenamen mit Pinsel oder den dickeren Deco Paintern schreiben.

5. Zuletzt die Konturen mit dem schwarzen Deco Painter nachziehen und kleine Akzente betonen.

Material

- 3 DIN A 4 Sperrholzplatten, 4 mm stark
- Marabu-Deco Painter in Rot, Weiß und Gelb
- Flachpinsel

- Rundhaarpinsel Gr. 3 und Gr. 6
- Marabu-Decormatt Acryl in Weiß, Mittelgelb, Orange, Kirschrot, Karminrot, Bordeaux, Mittelblau, Gelbgrün, Saftgrün, Sand
- Marabu-Deco Painter in Schwarz
- Entwurfpapier
- Kohlepapier oder weicher Bleistift (2B)
- Schleifpapier
- Laubsäge mit Zubehör

Modell 16, Vorlagen auf den Seiten 98/99

Fleißiger Gärtner

1. Die Vorlage mit Entwurfpapier abnehmen und vergrößern. Außenkontur und Innenausschnitte mit den Bohrlöchern auf das Holz übertragen. Entsprechend der Markierungen die Löcher bohren.

2. Entlang der Außenkante den Gärtner aussägen. Danach die Innenausschnitte heraussägen. Alle Kanten und Flächen mit Schleifpapier glätten, dabei die Kanten abrunden.

3. Den Zuschnitt weiß grundieren, trocknen lassen, dann die Figur auf beide Seiten übertragen.

4. Das Motiv laut Abbildung bemalen und nach dem Trocknen alle Innenlinien mit dem Deco Painter nachziehen.

5. Für den Außenbereich den Gärtner mit dem Klarlack versiegeln.

Material

- Fichte Leimholzplatte, 85 x 40 cm, 28 mm stark
- Marabu-Klarlack
- Marabu-Decormatt Acryl in Weiß, Schwarz, Hautfarbe, Metallic-Silber, Kirschrot, Mittelblau, Gelb, Saftgrün, Mittelbraun
- Rundhaarpinsel
- breiter Pinsel
- Marabu-Deco Painter in Schwarz
- Entwurfpapier
- Pauspapier oder weicher Bleistift (2B)
- 120er Schleifpapier
- Bohrmaschine, Bohrer, Ø 10 mm
- Stichsäge

Modell 17, Vorlage auf den Seiten 100/101

Katz' und Maus wohnen hier!

1. Alle Vorlagen für die Figur auf Transparentpapier abpausen und vergrößern. Für Schablonen die Motive auf Karton übertragen und zuschneiden. Die Schablonen danach auf das Sperrholz legen, die Konturen nachziehen und dann die Motive sowie Schilder aussägen.

2. Mit Schleifpapier die Kanten glätten, dann alle später sichtbaren Teile weiß grundieren. Alles gut trocknen lassen.

3. Die Zaunlatte mit einem Metallwinkel an einem starken Brett befestigen und ebenfalls weiß grundieren. Wiederum gut trocknen lassen.

4. Katzen- und Mausekörper laut Abbildung in Schwarz und Grau bemalen.

5. Nach dem Trocknen die Details nach Wunsch von der Vorlage übertragen oder direkt ausmalen. Die Gesichtszüge und die Schrift für das Schild mit den Deco Paintern auftragen.

6. Die Figur mit Holzkleber zusammensetzen. Dünne Löcher für die Schnurrhaare und den Mauseschwanz vorbohren.

7. Kurze Drahtstücke über einem Stift oder dem Kochlöffelstiel zu Spiralen drehen, durch die Löcher fädeln und festklemmen; der besseren Haltbarkeit wegen zusätzlich einen Tropfen Alleskleber auftragen. Den Schwanz aus Jutekordel laut Abbildung durch Maul und Popo fädeln.

8. Alle Teile, auch die Holzschilder, mit Klarlack versiegeln.

9. Zum Schluss eine Schleife aus kariertem Band um den Hals der Katze legen und nach Wunsch etwas Heu aus Bastfäden um den Fuß der Zaunlatte drapieren.

Tipp

Die Schablonen aus Karton können immer wieder verwendet werden. Wer sich die Mühe sparen möchte, paust die Motive mit Kohlepapier auf das Holz (siehe Grundkurs). In diesem Fall beim Schleifen der Kanten darauf achten, dass auch alle Linien der Vorzeichnung entfernt werden.

Material

- Zaunlatte aus Fichte, Standardausführung
- Kiefernbrettchen
- Pappelsperrholz, 5 mm stark
- Marabu-Decormatt Acryl in Weiß, Schwarz, Karminrot
- Marabu-Deco Painter in Schwarz, Weiß, Blau
- Marabu-aqua-Klarlack
- Pinsel
- kariertes Schleifenband
- Jutekordel
- Blumendraht
- Naturbast
- Transparentpapier
- stabiler Karton für Schablonen
- Holzkleber
- Alleskleber
- weicher Bleistift
- Schleifpapier
- Bohrmaschine
- Holzbohrer
- Laubsäge

Modell 18, Vorlagen auf den Seiten 102/103

HIER WOHNE ICH!!!
... UND ICH!!

Stets auf der Hut

1. Alle Konturen für die Figur von der Vorlage auf Transparentpapier und dann auf das Sperrholz übertragen und die Motivteile mit einer Laubsäge aussägen.

2. Ohren, Arme und Beine je zweimal zusägen. Die Bohrungen für die spätere Aufhängung anbringen. Anschließend alle später sichtbaren Teile weiß grundieren.

3. Die Zaunlatte mit einem Metallwinkel an einem starken Brett befestigen und ebenfalls weiß grundieren. Alle Teile laut Abbildung in den verschiedenen Brauntönen bemalen. Die Schrift auf dem Schild mit den Deco Paintern malen.

4. Anschließend die Figur rundum mit Klarlack versiegeln.

5. Kurze Baststücke einzeln mit Holzkleber an den auf dem Bild erkennbaren Stellen fixieren. Nach dem Trocknen „frisieren" und alle Teile zusammenkleben.

6. Für die Aufhängung ein Stück Draht über einem Kochlöffelstiel zur Spirale drehen, zurechtbiegen, durch die vorgebohrten Löcher ziehen und verknüpfen.

7. Zum Schluss eine Schleife aus dem karierten Band um den Hals der Figur binden.

Material

- Zaunlatte aus Fichte, Standardausführung
- Kiefernbrettchen
- Pappelsperrholz, 5 mm stark
- Marabu-Decormatt Acryl in Weiß, Schwarz, Sand, Mittelbraun, Beige
- Marabu-aqua-Klarlack
- Marabu-Deco Painter in Schwarz, Weiß, Blau
- Pinsel
- Naturbast
- kariertes Schleifenband
- Bindedraht
- Transparent- und Kohlepapier
- weicher Bleistift
- Kraftkleber
- Holzkleber
- Schleifpapier
- Bohrmaschine, Holzbohrer
- Laubsäge

Modell 19, Vorlagen auf den Seiten 100/101

HIER
WACHE ICH!

Tassen immer griffbereit

1. Alle Konturen für die Figur von der Vorlage auf Transparentpapier abpausen und vergrößern. Die Motivteile auf das Gabun-Sperrholz übertragen und mit einer Laubsäge aussägen. Die kleinen Teile aus Pappel-Sperrholz zuschneiden. Alle Kanten und Flächen gut schleifen. Anschließend die später sichtbaren Teile ein- bis zweimal weiß grundieren.

2. Das Holzstäbchen in drei Teile sägen und weiß bemalen. Dann die Löcher für die Haken vorbohren. Anschließend die Stäbchen mit Holzkleber in den Löchern befestigen.

3. Nun die schwarzen Kuhflecken sowie die Hufe und Schattierungen aufmalen und gut trocknen lassen. Die Hörner bekommen einen beigefarbenen Anstrich.

4. Die Milchkanne grausilbern, die Glocke beige-golden anmalen. Das Kiefernbrett als Wiese gestalten: Zunächst grün grundieren und nach dem Trocknen Blümchen in Weiß, Gelb und Grün auftupfen. Etwas Karminrot und Weiß mischen und die Zunge aus Fotokarton wie abgebildet damit teilweise bemalen. Zum Schluss die Augen mit den Deco Paintern in Blau, Weiß und Schwarz gestalten und den schwarzen Schriftzug auf die Milchkanne malen.

5. Nun alle Teile laut Abbildung aufeinander kleben. Für die Standfestigkeit der Figur sorgen kurze Dachlattenstückchen, die an der Untergrundlatte und an der Kuh befestigt werden.

6. Die Basthaare mit Holzkleber von hinten am Kopf, den Schwanz am Unterkörper fixieren. Die Milchkanne bekommt einen Henkel aus einem Stück Aludraht und einem Pappröhrchen; dazu zwei kleine Löcher vorbohren, in die der Draht gesteckt wird.

Material

- Gabun-/Ceiba-Sperrholz, 30 x 60 mm, 10 mm stark
- Kiefernbrettchen (Standplatte)
- Pappel-Sperrholz, 5 mm stark
- Marabu-Decormatt Acryl in Schwarz, Weiß, Gelbgrün, Gelb, Metallic-Gold, Metallic-Silber, Beige, Karminrot
- Marabu-aqua-Klarlack
- Marabu-Deco Painter in Schwarz, Weiß, Blau
- Pinsel
- Holzstab, 15 cm lang, Ø 5 mm
- Fotokarton in Rot
- Pappröhrchen
- Aludraht
- Transparent- und Kohlepapier
- weicher Bleistift
- Kraftkleber
- Holzkleber
- Bohrmaschine und Holzbohrer
- Schleifpapier
- Laubsäge

Modell 20, Vorlagen auf den Seiten 104/105

Milch

Papagei mit Wind-Twistern

1. Flügel und Körper abpausen und vergrößern. Die Außenlinien auf das Sperrholz übertragen. Dazu die Vergrößerung auf Entwurfpapier durchpausen, mit der Bleistiftlinie nach unten auf das Holz legen und alle Linien nachziehen. Der auf der Unterseite haftende Grafitstaub überträgt sich auf das Werkstück.

2. Beide Teile aussägen und alle Kanten und Flächen glatt schleifen. Für die Steckschlitze Schleifpapier falten, in den Schlitz stecken und durch Auf- und Abbewegen glätten. Danach beide Teile rundum weiß grundieren und nach dem Trocknen leicht nachschleifen.

3. Die Innenlinien der Farbflächen jeweils auf beide Seiten, die Bohrlöcher für die Aufhängung und Wind-Twister auf eine Seite übertragen. Die Löcher mit dem Drillbohrer bohren und glätten.

4. Den Papagei laut Abbildung ausmalen und trocknen lassen. Dann alle Innenlinien und die Augen jeweils beidseitig übertragen und mit den Deco Paintern nachziehen bzw. ausmalen.

5. Die den Wind-Twistern beiliegenden Perlonfäden in vier ca. 20 cm lange Stücke schneiden. Die Wind-Twister damit in Flügel und Körper binden und die Enden mehrfach fest verknoten.

6. Flügel in den Körper stecken und den Vogel an einem Perlonfaden aufhängen.

Material

- Gabun-Sperrholzplatte, 30 x 60 cm, 5 mm stark
- Marabu-Decormatt Acryl in Weiß, Kirschrot, Ultramarinblau, Mittelgelb
- Wind-Twister in Blau, Grün und Silber
- Marabu-Deco Painter in Schwarz, Rot, Gelb, Grün
- Entwurfpapier, weicher Bleistift (2B)
- 120er Schleifpapier
- Pinsel
- Drillbohrer
- Laubsäge mit Zubehör

Modell 21, Vorlagen auf den Seiten 106/107

Diese Frösche halten alles

1. Die Vorlage auf Transparentpapier abpausen, vergrößern und mit Kopierpapier auf das Sperrholz übertragen. Das Motiv aussägen und die Kanten mit Schleifpapier glätten.

2. Die Garderobe weiß grundieren. Dann das Gelbgrün leicht mit Weiß abmischen und die Garderobe bis auf die Krönchen damit bemalen. Die Kronen mit Mittelgelb anmalen und die „Zehen" der Frösche mit Saftgrün ausmalen.

3. Nach dem Trocknen die Augen und das Blümchen des kleinsten Frosches mit Weiß ausmalen. Dann alle Konturen der Motive mit Weiß betonen. Die Farben gut trocknen lassen, dann dem Blümchen eine mittelgelbe Mitte malen. Den Augen schwarze Konturen und die Pupillen einzeichnen.

4. Zum Schluss die beiden Blüten aufkleben und die Kleiderhaken in Fußhöhe des großen und mittelgroßen Frosches in das Holz schrauben. Zum Aufhängen die beiden Bilderhaken in gleicher Höhe mit kleinen Nägeln auf der Rückseite befestigen.

Material

- Sperrholz, 40 x 35 cm, 8 mm stark
- Marabu-Decormatt Acryl in Weiß, Schwarz, Mittelgelb, Gelb, Saftgrün
- Pinsel
- 2 Blüten
- 2 Kleiderhaken
- 2 Bilderhaken
- Heißklebepistole
- Transparent- und Kopierpapier
- Schrauben, Schraubenzieher
- feines Schleifpapier
- Dekupier- oder Laubsäge

Modell 22, Vorlage auf Seite 107

Garderobe für Wasserratten

1. Die Vorlagen mit Entwurfpapier abnehmen und die Wellenteile vergrößern. Das vordere und hintere Wellenteil und den Wal auf das Leimholz übertragen. Das mittlere Wellenteil 4-mal, Krake und Seestern je 2-mal, Fisch und Seepferdchen je 1-mal auf das Sperrholz übertragen. Alle Teile zusägen.

2. Am hinteren Wellenteil die 6 mm-Löcher durchbohren. In das vordere Wellenteil mit dem Forstnerbohrer an den Markierungen vier ca. 15 mm tiefe Löcher bohren. In jeweils einen Seestern und einen Kraken laut Vorlage Löcher mit 4 mm Durchmesser bohren.

3. Vom dickeren Rundholzstab vier 5 cm lange Stücke für die Kleiderhaken absägen. In diese ca. 1 cm von einer Kante mittig mit dem 6 mm-Bohrer je ein Loch quer durchbohren. Vom dünneren Rundholzstab vier 2,5 cm lange Stücke für die Kleiderhaken, zwei ca. 1 cm lange Stücke für die Kordelbefestigungen absägen.

4. Alle Kanten brechen (abrunden) und alles glatt schleifen.

5. Die 4 Sperrholz-Wellenteile aufeinander leimen, nach dem Trocknen die Schmelzklebekante auf die obere Wellenkante und die seitlichen Kanten aufbügeln oder mit dem Heißluftgerät aufbringen. Seitliche Überstände mit der Feile entfernen. Die untere Kante mit Decorglas in Blau bemalen.

6. Zwei 3,8 cm lange Rundholzstäbe als Stopper für den Wal in die Löcher des hinteren Wellenteiles leimen.

7. Das mittlere Wellenteil laut Zeichnung auf das hintere legen und mit dem Bleistift umfahren. Das Teil genauso auf dem vorderen Wellenteil markieren. Bis auf diese markierten Stellen das vordere und hintere Wellenteil mit Decorglas in Blau bemalen. Alle drei Wellenteile laut Zeichnung aufeinander leimen.

8. Weiße Gischtspritzer mit dem Schwamm auf Wellen und Walfontäne tupfen.

9. Die vier 2,5 cm langen Rundholzstäbe in die gebohrten Löcher der vier größeren Rundholzstäbe leimen. Die sichtbaren Flächen dieser „Kleiderhaken" mit Decorglas in Rot bemalen. Trocknen lassen und die Haken einleimen.

10. Die Tiere mit weißer Farbe grundieren und laut Abbildung mit Bastelfarbe bemalen. Die beiden Tiere mit Bohrlöchern von der Vorder- und Rückseite bemalen. Gleichmäßig und dünn mit Sprühlack überziehen.

11. Die vier Tiere ohne Bohrung mit Alleskleber über und um die Haken kleben.

12. Die Dekorkordel halbieren und je ein Ende mit den restlichen 2 Rundholzstäbchen in den Wal leimen.

13. Den Wal zwischen die Wellenteile stecken, die Kordeln zu den Seiten unter den Stoppern durchführen und die zwei restlichen Tiere einknoten. Zuletzt die Aufhänger auf der Rückseite befestigen.

Material

- Fichte Leimholzplatten, 21 x 58 cm, 24 x 58 cm und 17 x 23 cm, je 12 mm stark
- 4 Sperrholzstücke, je 56 x 12 cm, 5 mm stark
- 1 Sperrholz 25 x 8 cm, 5 mm stark
- Rundholzstäbe, Ø 15 mm und 6 mm
- Schmelzklebekante, 23 mm breit, 90 cm lang
- Marabu-Decorglas in Ultramarinblau, Zinnoberrot

- Marabu-Decormatt Acryl in Schwarz, Weiß, Mittelblau, Zartblau, Hellgrau, Smaragd, Saftgrün, Gelbgrün, Orange, Kirschrot, Mittelgelb
- Marabu-Sprühlack, matt
- Flachpinsel

Modell 23, Vorlagen auf den Seiten 108/109,110

- feiner Rundhaarpinsel
- Dekorkordel in Rot, Ø 2 mm, 160 cm lang
- Entwurfpapier, weicher Bleistift (2B) oder Kohlepapier
- Bügeleisen oder Heißluftgerät
- grober Schwamm
- Kraftkleber
- schnelltrocknender Holzleim
- 2 Aufhänger
- 2 Schraubzwingen
- Feile

- 120er Schleifpapier
- Bohrmaschine mit Holzspiralbohrer, Ø 6 mm und 4 mm
- Forstnerbohrer, Ø 15 mm
- Laubsäge

Zur Freude aller Reiter

1. Das Standbrett auf die Größe 50 x 12 cm zuschneiden, die Sägekante und die Ränder schleifen. An beiden Seiten der Längskanten jeweils 10 cm vor Kantenende Löcher für die Achsen bohren. Den Holzstab in vier 5 cm lange Teile sägen und jeweils an einem Ende ein kleines Loch bohren. Die Holzstäbe in die vier vorgebohrten Löcher stecken und mit Holzleim fixieren. Die Räder aufstecken und durch das Loch ein Stück Bindedraht schieben und darum wickeln.

2. Die Vorlage abpausen, vergrößern, auf das Holz übertragen und aussägen. Kanten und Flächen gut schleifen. Im Nacken im Abstand von 4-5 cm fünf Löcher und ein Loch in den Po bohren. Danach das Pferd weiß lasieren, Hufe in Schwarz und die Trense in Rot aufmalen. Mit wenig Schwarz die Struktur laut Abbildung arbeiten.

3. Nach dem Trocknen die Halbholzperlen auf die Trense kleben. Aus Naturbastfäden mit Bindedraht fünf kleine Pinsel für die Mähne und einen Schwanz binden und in die vorgebohrten Löcher stecken und verkleben.

4. Zum Schluss das Pferd mit Holzschrauben auf dem Standfuß befestigen. Als dekorativer Blickfang kommt noch eine Satteldecke auf den Rücken des Pferdes.

Material

- Fichtenleimholz, 60 x 55 cm, 18 mm stark
- Marabu-Decormatt Acryl in Weiß, Schwarz, Olivgrün, Karminrot
- Pinsel
- Holzstab, 20 cm lang, Ø 5 mm
- 4 Holzschrauben, 45 mm lang
- 4 Räder aus Holz, Ø 6 cm
- 4 Halbholzperlen, Ø 2 cm
- karierter Stoff, 30 x 13 cm
- Bindedraht
- Naturbast
- 2 Herzen aus Filz
- Transparent- und Kohlepapier
- weicher Bleistift
- Kraftkleber
- Holzkleber
- Schleifpapier
- Bohrmaschine
- Holzbohrer
- Stichsäge

Modell 24, Vorlage auf den Seiten 110/111

Schlenker-Frosch für gute Laune

1. Die Vorlagen abpausen, Körper und Kopf auf das Holz übertragen und aussägen. Die Löcher laut Markierungen bohren, dann mit Schmirgelpapier alle Kanten glätten. Den Kopf am Körper befestigen und den Frosch zweimal grundieren.

2. Das Gesicht laut Abbildung aufmalen oder zunächst die Vorlage mit der Bleistiftlinie unten auflegen und die Linien nachziehen, dann das Gesicht farbig gestalten.

3. Aus Modelliermasse Hände und Füße formen und laut Herstelleranweisung im Backofen härten.

4. Den Aludraht in 4 Stücke mit 15 cm Länge schneiden, über einem Bleistift zur Spirale aufdrehen und in den Löchern am Körper des Frosches befestigen. Hände und Füße an den Aludraht kleben. Die Hose nach der Vorlage ausschneiden und auf den Frosch kleben. Aus Schleifenband eine Schleife binden und aufkleben.

5. Die Metallaufhängung von hinten am Frosch fixieren.

Material

- Sperrholz, 5 mm stark
- Marabu-Decormatt Acryl in Weiß, Gelbgrün
- Pinsel
- karierter Stoffrest
- 25 cm Schleifenband in Rot
- Modelliermasse in Grün
- Aludraht in Hellgrün, Ø 2 mm
- Kraftkleber
- Metallaufhängung
- Transparent- und Kohlepapier
- Bleistift
- Schere
- Schleifpapier
- Handbohrer
- Laubsäge

Modell 25, Vorlagen auf Seite 106

Sommer-Erinnerungen

1. Die Latten auf Gehrung sägen (Längen siehe Rahmengröße). Aus dem Sperrholz für jeden Rahmen vier rechtwinklige Dreiecke mit 6 cm Schenkellänge aussägen. Die Rahmenleisten an den Gehrungen zusammenleimen, die Dreiecke auf die Rückseite leimen und zusätzlich festnageln.

2. Zum Bemalen die Farbe mit Weiß stark aufhellen. Nach dem Trocknen einen Aufhänger auf der Rückseite befestigen und die Rahmen nach Anleitung oder Wunsch gestalten.

Blauer Rahmen

1. Rahmengroße: 28 x 23 cm. Die Vorlage abnehmen, mit der Bleistiftlinie nach unten auf den Rahmen legen und die Linien nachziehen. Dadurch überträgt sich der Graphitstaub auf das Holz.

2. Auf ein Stück der ersten Linie Klebstoff aufbringen, die Schnur einlegen und mit Stecknadeln fixieren. Dann das nächste Stück ebenso arbeiten. In dieser Weise den Rahmen stückweise arbeiten, bis alle Linien mit Schnur belegt sind.

3. Die Nadeln erst entfernen, wenn der Kleber trocken ist.

Roter Rahmen

1. Rahmengroße: 22 x 22 cm. Die Vorlagen abpausen, mit Klebefilm auf dem Aluminiumblech befestigen, durchzeichnen und die Zeichnung entfernen.

2. Das Blech auf eine weiche Unterlage legen und alle Linien mit dem Runer nachziehen. Nun das Blech umdrehen. Damit das Werkzeug besser gleitet, das Blech mit einem Tropfen Öl einreiben. Die Motivteile mit der Kugel vertiefen.

3. Danach die Modelle entlang der Außenkontur ausschneiden und auf den Rahmen kleben.

Grüner Rahmen

Rahmengroße: 36 x 31 cm. Strandfundsachen mit der Heißklebepistole verteilt auf den Rahmen kleben.

Gelber Rahmen

1. Rahmengroße: 26 x 22 cm. Den Entenfuß-Abdruck der Vorlage auf Moosgummi übertragen und ausschneiden. Für den Stempel den Abdruck im Kontaktklebeverfahren mit Hartschaumkleber auf das Holzklötzchen kleben.

2. Diesen Stempel mit schwarzer Farbe einstreichen und den Rahmen bestempeln.

3. Für die „Sandflecken" den Rahmen mit Holzleim einstreichen, Sand aufstreuen und etwas andrücken. Nach dem Trocknen den überschüssigen Sand abklopfen.

Material

- Dachlatten, 24 x 48 mm
- Sperrholz, 4 mm stark
- Nägelchen, 25 mm lang
- Laubsäge und Zubehör
- schnelltrocknender Holzleim
- Marabu-Decormatt Acryl in Azurblau, Gelb, Karminrot, Hellgrün, Schwarz, Weiß
- Aufhänger zum Annageln

Blauer Rahmen
- Entwurf- und Pauspapier
- weicher Bleistift (2B)
- weiße Schnur
- Stecknadeln
- Kraftkleber

Roter Rahmen
- silbernes Aluminiumblech
- Drückwerkzeuge: Runer, mittlere Kugel
- Entwurfpapier
- weicher Bleistift
- Klebefilm
- weiche Unterlage (z. B. Moosgummi)
- Hartschaumkleber

Grüner Rahmen
- Strandfundsachen
- Heißklebepistole

Gelber Rahmen
- Entwurfpapier
- weicher Bleistift
- Moosgummirest
- Holzklötzchen
- Sand
- alter Pinsel
- Hartschaumkleber
- schnelltrocknender Holzleim

Modell 26, Vorlagen auf Seite 111

Serviettenhalter „Seerose"

1. Mit Entwurfpapier die Vorlage abnehmen. Die Seerosenblüte zweimal auf das große Brett übertragen: Die Holzrichtung entspricht der Pfeilrichtung der Zeichnung und muss beachtet werden. Den Frosch zweimal auf die Leiste übertragen. Alle Teile zusägen.

2. Zwei Löcher mit ca. 3 mm Abstand laut Vorlage von oben in eine Seerosenblüte bohren. Dann an allen Holzteilen die Kanten brechen (beim Schmirgeln abrunden) und die Flächen schleifen.

3. Damit die Holzteile nach dem Bemalen noch gut verleimt werden können, die Leimflächen an den schraffierten Flächen mit Klebefilmstreifen abkleben. Die 19 x 11 cm große Grundplatte und die Frösche in Grün anmalen. Für die Seerosenblüten etwas Weiß mit Pink vermischen und die Blüten bis auf die Unterkanten (= Leimkanten) anmalen. Nach dem Trocknen die Klebefilmstreifen abziehen und die Seerosenblüten auf die Grundplatte leimen. Den Leim vor dem Weiterarbeiten aushärten lassen.

4. Für die Augen der Frösche die Holzperlen mit dem Bastelmesser halbieren und aufkleben. Mit dem wasserfesten Filzstift Kopf, Mund und Pupillen aufmalen, dann die Frösche laut Abbildung und Vorlage auf das vorgebohrte Seerosenblatt leimen.

5. Für die Libellen vom 0,6 mm starken Draht vier 20 cm lange Stücke abschneiden. Eine Flügelhälfte laut Vorlage formen, den Draht wieder etwas aufbiegen und 36 Rocailles, im Wechsel Silber und Hellblau, auffädeln. Die zweite Flügelhälfte biegen und die Rocailles ebenso auffädeln, dann das Flügelpaar laut Zeichnung fertig stellen und die Draht-Überstände abschneiden. Für jede Libelle zwei Flügelpaare in dieser Weise anfertigen.

6. Vom Edelstahl-Draht 2 Stücke mit 12 und 15 cm Länge schneiden. Mit dem 0,4 mm starken Draht je 2 Flügelpaare durch Umwickeln auf einem Streichholz befestigen.

7. Den Edelstahl-Draht auf ca. 1,5 cm Länge mit dem Silberdraht auf der Unterseite des Libellenkörpers befestigen, dann den Libellenkörper ganz mit Silberdraht umwickeln.

8. Die Edelstahl-Drähte in die Löcher der Seerosenblüte stecken und zurechtbiegen.

Tipp

Die Frösche eignen sich auch hervorragend als Tischdekoration und vervollständigen so Ihre Kaffeetafel: Verteilen Sie einfach zusätzlich gefertigte Frösche auf dem Tisch.

Material

- Je 1 Fichte-Leimholzplatte mit ca. 40 x 10 cm und 19 x 11 cm, je 18 mm stark (Holzrichtung = Pfeilrichtung)
- Holzleiste, ca. 10 x 4 cm, 10 mm stark
- Marabu-Decorglas in Weiß, Pink, Hellgrün
- Pinsel
- 2 Holzperlen, Ø 6 mm, in Weiß
- Edelstahl-Draht in Blau, Ø 1 mm
- Silberdraht, Ø 0,6 und 0,4 mm
- Rocailles in Silber und Hellblau, Ø 2,5 mm
- 2 Streichhölzer
- wasserfester Filzstift in Schwarz
- Entwurfpapier
- weicher Bleistift oder Pauspapier
- Klebefilm
- Bastelmesser
- Holzleim
- Seitenschneider
- 120er Schleifpapier
- Bohrmaschine mit Bohrer, Ø 1 mm
- Laubsägezubehör

Modell 27, Vorlagen auf Seite 112

Blütenpressen

Pflanzenpresse „Blüten"

1. Zunächst die Brettchen abschleifen und genau übereinander legen. In jede Ecke, etwas von den Kanten entfernt, ein Loch bohren. Die Schrauben müssen gut durch dieses geschoben werden können.

2. Die Vorlagen der Blüten und Blätter abpausen, auf Tonkarton übertragen und die Blütenmotive und Blätter ausschneiden. Das Kartonteil, aus dem die Blüten und Blätter herausgeschnitten wurden, dient dabei jeweils als Schablone.

3. Auf das obere Brettchen die Schablonen auflegen und mit dem Borstenpinsel Farbe in die Löcher tupfen. Dabei immer nur wenig Farbe mit dem Pinsel aufnehmen. Der Schatteneffekt entsteht, indem die Schablone leicht verschoben wird.

4. Zum Schluss die Schrauben durch die Löcher stecken und mit den Flügelmuttern fixieren. Zum Pressen der Blüten und Gräser ein weißes Papier als Zwischenlage einlegen.

Pflanzenpresse „Blätter"

1. Sie wird genauso hergestellt wie die Pflanzenpresse „Blüten". Die Brettchen werden allerdings mit vier Leisten zusammengedrückt. Hierfür auf einer Leiste die Bohrlöcher markieren, dann die vier Leisten übereinander legen und entsprechend die Löcher in die Enden bohren.

2. Von den Blättermotiven Schablonen herstellen, wie in Schritt 2 der Blütenpresse beschrieben, und das obere Brett gestalten (Schritt 3).

3. Je zwei Leisten über und unter die Brettchen legen die Brettchen mit den Schrauben und Flügelmuttern zusammenpressen.

Material

Für jede Pflanzenpresse
- 2 gleich große Sperrholzbrettchen, 20 x 25 cm
- Marabu-BasicColor in den gewünschten Farben
- Borstenpinsel
- Pauspapier
- Bleistift
- Tonkarton
- Schere
- 4 Schrauben mit durchgehendem Gewinde, 6 x 60 mm
- 4 Flügelmuttern
- Schleifpapier
- Bohrmaschine und Holzbohrer

Für die Pflanzenpresse „Blätter"
- zusätzlich 4 Leisten, 25 cm lang

Modell 28, Vorlagen auf Seite 113

Holzapfel-Spieß für den Garten

1. Die Vorlage abpausen, vergrößern und auf das Holz übertragen. Den Apfel aussägen und die Kanten mit Schleifpapier glätten. An der Unterseite des Apfels nun ein möglichst tiefes Loch für den Spieß bohren.

2. Den Apfel bemalen, trocknen lassen und eventuell mit dem Schleifpapier überschleifen. Einen Apfelbaumzweig aufkleben und den Apfel auf den Spieß stecken.

3. Aus Draht einen Ring mit 12 cm Durchmesser formen und die Drahtenden verdrehen. Buchsbaum in kleine Zweige schneiden und dachziegelartig mit Wickeldraht um den Ring binden, bis der Kranz die gewünschte Fülle hat. Den Kranz mit Karoband an den Spieß binden.

Material

- Sägeraues Nadelholz, 22 mm stark
- Marabu-Decormatt Acryl in Kirschrot
- dicker Borstenpinsel
- Karoband in Rot, 10 mm breit
- Eisen- oder Edelstahlspieß, 1,20 m lang, Ø 6 mm
- Blumendraht, Ø 0,65 mm
- Wickeldraht
- Apfelzweig mit Blatt
- Buchszweige
- Alleskleber
- Schere
- Transparent- und Kopierpapier
- Bleistift
- Zange
- Schleifpapier
- Bohrmaschine und Bohrer, Ø 6 mm
- Stichsäge oder Dekupiersäge

Modell 29, Vorlage auf Seite 114

Apfelkorb

1. Die Vorlage für den Apfel mit Transparentpapier abpausen und zweimal auf die MDF-Platte übertragen. Die Seitenteile und den Boden laut Maßangaben in der Vorlage auf die Platte zeichnen. Alle Teile aussägen und die Kanten mit dem Schleifpapier glätten.

2. An der Markierung in beide Apfelteile ein Loch für den Henkel bohren. Den Korb zusammenleimen, in Rot streichen und trocknen lassen.

3. Den Henkel mit Bindedraht umwickeln, in die vorgebohrten Löcher einhängen und zum Schluss mit einer üppigen Bastschleife dekorieren.

Material

- MDF-Platte, 10 mm stark
- Marabu-Decormatt Acryl in Kirschrot
- Pinsel
- Naturbast
- Bindedraht
- Holzleim
- Drahthenkel von einem alten Eimer mit 5 l Fassungsvermögen
- Transparentpapier
- Kopierpapier
- Bleistift
- Schleifpapier
- Schraubzwingen
- Bohrmaschine
- Bohrer, Ø 8 mm
- Stichsäge

Modell 30, Vorlage auf Seite 115

Herzlich willkommen!

1. Alle Vorlagen für die Figur auf Transparentpapier durchpausen. Kopf und Möhre auf das Sperrholz übertragen und mit einer Laubsäge aussägen. Danach alle Kanten und Flächen mit Schmirgelpapier gut schleifen.

2. Aus grünem Fotokarton das Möhrengrün zuschneiden.

3. Zum Aufhängen der Möhre laut Abbildung dann zwei kleine Löcher zum Durchziehen des Bindedrahtes in diese bohren. Auch an der Zaunlatte entsprechend zwei Löcher bohren. Anschließend alle später sichtbaren Teile weiß grundieren.

4. Die Zaunlatte mit einem Metallwinkel an einem starken Brett befestigen und ebenfalls weiß grundieren.

5. Nach Wunsch oder laut Abbildung alle Teile bemalen. Die Farben trocknen lassen und anschließend mit Klarlack versiegeln.

6. Der Schriftzug wird mit dem blauen Deco Painter aufgetragen.

7. Jetzt den Kopf des Pferdes und die Möhre an der Zaunlatte befestigen. Den schwarzen Bast als Mähne auf die Rückseite der Figur kleben und laut Abbildung zurecht schneiden. Aus langen Bastfäden einen Schweif binden und entsprechend ankleben.

8. Ein Stück Draht über einem Kochlöffelstiel zur Spirale drehen, durch die Möhre fädeln und anschließend durch die vorgebohrten Löcher ziehen. Dann das Möhrengrün aufkleben.

9. Zum Schluss nach Wunsch um den Pferdefuß etwas Heu arrangieren.

Tipp

Das Pferd eignet sich hervorragend für den Eingangsbereich. Statt einem Willkommensgruß verkündet es auch gern die Namen der Bewohner! Eine besondere Freude machen Sie mit diesem Pferd auch kleinen und großen Mädchen, die garantiert einen passenden Platz in ihrem Zimmer finden. Und hier bietet die Figur gleich noch eine tolle Möglichkeit, ein bisschen Ordnung zu halten: Über die Ohren kann man endlich die Tasche und den Reithelm hängen. Soll das Pferd allerdings schwere Gegenstände tragen, empfiehlt es sich, den Kopf zusätzlich mit kleinen Schrauben zu befestigen.

Material

- Zaunlatte aus Fichte, Standardausführung
- Kiefernbrett als Standfuß
- Pappelsperrholz, 5 mm stark
- Marabu-Decormatt Acryl in Weiß sowie nach Wunsch zum Bemalen des Pferdes
- Marabu-aqua-Klarlack
- Marabu-Deco Painter in Blau
- Pinsel
- Fotokarton in Grün
- Bast in Schwarz
- Bindedraht
- Metallwinkel
- Transparentpapier
- Kohlepapier
- weicher Bleistift
- Kraftkleber, Holzkleber
- Schleifpapier
- Bohrmaschine und Holzbohrer
- Laubsäge

Modell 31, Vorlagen auf Seite 116

welcome!

Herbstliches Paar für den Gartenzaun

1. Die Vorlagen der beiden Figuren auf Transparentpapier durchpausen. Alle Teile auf das Sperrholz übertragen und mit einer Laubsäge aussägen. Arme und Ohren bzw. Haare werden zweimal benötigt. Alle Kanten und Flächen gut schleifen. Anschließend alle später sichtbaren Teile weiß grundieren.

2. Die Zaunlatten mit Metallwinkeln an starken Brettern befestigen und ebenfalls weiß grundieren. Danach die Gesichter und die Kleidung laut Abbildung aufmalen.

3. Dann die Arme bemalen und nach dem Trocknen mit Holzkleber an den Körpern fixieren. Die Ohren des Mannes und die Haare der Frau ebenfalls nach dem Bemalen aufkleben.

4. Die übrigen Holzzuschnitte nach Wunsch farbig gestalten und trocknen lassen.

5. Die Haare des Mannes aus Schnur zuschneiden und an die Rückseite des Hutes kleben, bevor dieser mit Kraftkleber am Kopf befestigt wird. Hosenträger und Hundeleine aus Paketband zuschneiden und an der jeweiligen Figur befestigen. Der Hut der Frau wird mit einem breiten Karoband geschmückt. Den Hut und den kleinen Hund ankleben.

6. Zum Schluss beide Figuren mit Klarlack überziehen.

7. Für die Dekoration ein Tuch aus einem Stoffrest bzw. eine Schleife aus kariertem Band um die Hälse der Figuren binden und die Blätter aufkleben.

Material

- 2 Zaunlatten
- Pappelsperrholz, 5 mm stark
- Marabu-Decormatt Acryl in Weiß, Schwarz, Karminrot, Metallic-Gold, Metallic-Silber, Ultramarin, Tauben-

blau, Mittelbraun, Schilf, Saftgrün
- Marabu-aqua-Klarlack
- Pinsel
- Paketband in Schwarz
- Kordel oder Schnur in Braun
- rotkariertes Schleifenband
- Stoffrest für das Halstuch
- Deco-Blätter, ca. 8 cm
- Transparentpapier
- Kohlepapier
- weicher Bleistift
- Kraftkleber
- Holzkleber
- Metallwinkel
- Laubsäge

Modell 32, Lattenmann, Vorlagen auf Seite 117, Modell 33, Lattenfrau, Vorlagen auf Seite 118

Hexentanz

2. Die Vorlagen für die beiden Hutformen abpausen und vergrößern. Kreise mit 15,5 cm Durchmesser für die Köpfe und die Hüte auf Sperrholz übertragen und aussägen; dabei den geknickten Hut zweimal (gegengleich) arbeiten. Alle Kanten und Flächen gut schleifen und schwarz grundieren.

3. Bastfäden mit Heißkleber als Haare auf die Köpfe kleben und zurechtschneiden. Die Holzkugeln in Maserrichtung mit einem Stechbeitel halbieren und mit Holzkleber als Nasen in die Gesichter setzen. Augen und Münder mit schwarzem Deco Painter aufmalen. Die Hüte aufkleben und alles mit Klarlack überziehen.

4. Für das Feuer aus Leimholz eine runde Platte sägen und die Kanten glätten. Etwas vom Rand entfernt Löcher für die Äste einbohren. Die Platte am Rand nun schwarz, zur Mitte hin gelb bemalen. Einige Äste schräg abschneiden und auf die Schrägen gelbe und orangefarbene Flammen malen. Die Äste so in die Löcher kleben, dass die Flammen gegeneinander laufen.

1. Zunächst die Birkenstämmchen mit einem Tuch von losen Rindenteilchen befreien, dann die Kleidung laut Abbildung aufmalen und trocknen lassen.

Material

- 3 Birkenstämmchen, 60 cm hoch
- Leimholzplatte, 20 x 20 cm
- Gabun-Sperrholz, 6 mm stark
- 2 Holzkugeln, Ø 20 mm
- Marabu-Decormatt Acryl in Pink, Orange, Weiß, Schwarz, Gelbgrün, Gelb
- Marabu-aqua-Klarlack
- Marabu-Deco Painter in Weiß, Pink, Orange, Grasgrün, Schwarz
- Pinsel
- kleine Äste
- Bindedraht
- Bast in Orange, Grasgrün, Eosin
- Transparent- und Kohlepapier
- weicher Bleistift
- Heißkleber, Holzkleber
- Schleifpapier
- Stechbeitel
- Bohrmaschine und Holzbohrer
- Laubsäge

Modell 34, Vorlagen auf Seite 119

Lustige Hexe mit Katze

1. Kopf, Katze und Schwanz abpausen und vergrößern. Die Vergrößerung als Schablone ausschneiden, auf das Holz legen und die Konturen nachzeichnen. Den Kopf aussägen und den Körper wellenförmig laut Abbildung zuschneiden. Katze und Schwanz ebenfalls aussägen, dann alle Kanten schleifen und das Loch in den Hut bohren.

2. Kleidung, Gesicht und Hut vorzeichnen, dann alle Zuschnitte bemalen und trocknen lassen.

3. Mit Heißkleber Haare aus Bast fixieren, die Katze mit Holzkleber befestigen und Schnurrhaare aus Bindedraht anbringen. Das Glöckchen einhängen.

4. Als Ablagebrettchen ein 10 x 10 cm großes Holzstück von der Rückseite mit zwei Holzschrauben an der Hexe befestigen. Den Standfuß ebenfalls mit zwei Holzschrauben anbringen; zur zusätzlichen Stabilisierung jeweils einen Klecks Holzkleber dazu geben.

5. Ein Kopftuch aus einem Stoffrest und eine Spinne machen das Outfit der Hexe komplett.

Material

- Fichtenholzbrett, roh, 22 mm stark: 23 x 120 cm für die Hexe, 40 x 23 cm für die Katze, 23 x 43 cm für die Standplatte
- Marabu-Decormatt Acryl in Weiß, Schwarz, Hautfarbe, Karminrot, Metallic-Gold
- Pinsel
- 4 Holzschrauben, 45 mm lang
- Metallglöckchen
- Naturbast
- Gummispinne
- Stoffrest
- Bindedraht
- Transparent- und Kohlepapier
- weicher Bleistift
- Heißkleber
- Holzkleber
- Schleifpapier
- Bohrmaschine, Holzbohrer
- Stichsäge

Modell 35, Vorlagen auf den Seiten 120/121

Fröhliche Zaungäste

1. Alle Vorlagen auf Transparentpapier durchpausen, auf das Sperrholz übertragen und aussägen. Alle Kanten und Flächen gut schleifen, dann die später sichtbaren Seiten weiß grundieren.

2. Nach dem Trocknen der Farbe die Ränder von Köpfen, Flügeln und Schenkeln ultramarin anmalen. Danach von innen ausgehend schwarze Farbe so auftragen, dass ein Übergang entsteht. Die Schnäbel gelb grundieren und goldfarbene Streifen aufmalen. Die gelb bemalten Füße erhalten ebenfalls goldfarbene Akzente. Alles gut trocknen lassen.

3. Für die Augen die Holzhalbkugeln ein- bis zweimal weiß grundieren und nach dem Trocknen mit den Deco Paintern Pupillen und Iris aufmalen.

4. Die Aludrähte um einen Stift oder Holzlöffelstiel zur Spirale drehen, abziehen und auf den Rückseiten der Vögel befestigen. Dazu Styroporreste oder angeschnittene Wattekugeln verwenden, in die die Drähte gesteckt werden.

5. Alle Körperteile laut Abbildung mit Holzkleber zusammensetzen und mit Klarlack überziehen. Abschließend die Federn an die Köpfe kleben.

6. Sollen die Vögel z. B. an Zaunlatten fixiert werden, eine Drahtschlaufe auf die Rücken der Raben tackern.

Material

- Pappel-Sperrholz, 5 mm stark
- Marabu-Decormatt Acryl in Schwarz, Ultramarinblau, Gelb, Metallic-Gold, Kirschrot, Weiß
- Marabu-aqua-Klarlack
- Pinsel
- Marabu-Federn in Schwarz
- Marabu-Deco Painter in Blau, Schwarz
- 6 Rohholz-Halbkugeln, Ø 30 mm
- Aludraht, Ø 3 mm
- Styroporrest oder Wattekugel
- Transparentpapier
- Bindedraht
- weicher Bleistift
- Kraftkleber, Holzkleber
- Schleifpapier
- Laubsäge

Modell 36, Vorlagen auf Seite 122

Gespenster und Fledermäuse

1. Fledermaus und Gespenst von der Vorlage abnehmen, in gewünschter Menge auf das Sperrholz übertragen und zusägen. Alle Kanten mit Schleifpapier glätten.

2. Die Zuschnitte rundum sowie die Holzkugeln für die Köpfe weiß bzw. schwarz grundieren und trocknen lassen.

3. Mit dem Vorstecher in die Mitte der Kopfwölbung des Körpers ein Loch stechen, die Kante mit Holzleim bestreichen, einen Zahnstocher auf 2 cm kürzen und in das Loch stecken. Darauf die Holzkugel setzen und den Leim trocknen lassen.

4. Die Gesichter laut Foto dünn mit Bleistift vorzeichnen und dann mit Bastelfarbe ausmalen.

5. Für die Fledermaus die Ohren laut Vorlage mit weißem Buntstift auf schwarzes Tonpapier zeichnen, ausschneiden und an der gestrichelten Linie knicken. Kleine kirschrote Dreiecke aufmalen und die Ohren an die Holzkugel kleben.

6. 60 cm lange Kupferlackdrahtstücke fest um einen Zahnstocher wickeln. Die Spiralen abnehmen, etwas auseinander ziehen, um die Hälse der Gespenster und Fledermäuse legen und miteinander verdrehen. Bei den Fledermäusen die Enden kürzen. Mit dem Motivstanzer Fledermäuse aus schwarzem Tonpapier stanzen und jeweils zwei deckungsgleich auf die Drahtenden der Gespenster kleben.

7. Für die Aufhängung Naturbast in Schwarz und Rot nach Wunsch spalten und in die Bohrungen der Holzkugeln kleben. Die Enden verknoten, Überstände abschneiden.

Material

- Kiefer-Sperrholzplatte, 21 x 30 cm, 5 mm stark
- Marabu-Decormatt Acryl in Weiß, Schwarz, Kirschrot
- Feinhaarpinsel Größe 1 und 5
- Naturbast in Schwarz, Rot
- Holzkugeln mit Bohrung, Ø 25 mm
- Motivstanzer „Fledermaus"
- Kupferlackdraht, Ø 0,25 mm
- Tonpapier in Schwarz
- Entwurfpapier und weicher Bleistift (2B)
- weißer Buntstift
- Zahnstocher
- schnelltrocknender Holzleim
- Kraftkleber
- Vorstecher
- 120er Schmirgelpapier
- Laubsäge und Zubehör

Modell 37, Vorlagen auf Seite 123

Pfahlgeist

1. Die Vorlage vom Körper und den Füßchen abpausen und die Konturen auf das Sperrholz übertragen. Alle Teile aussägen und die Kanten und Flächen gut schleifen.

2. Alle sichtbaren Seiten weiß grundieren. Nach dem Trocknen laut Abbildung taubenblaue und ultramarinblaue Farbakzente setzen. Licht- und Schatteneffekte lassen Gespenster plastisch wirken. Zum Schluss mit einem Painter die Körperkonturen und das Gesicht vorzeichnen und farblich abgestimmt ausfüllen.

3. Die Drähte um einen Stift zur Spirale wickeln. Mit einem sehr dünnen Bohrer Löcher in den Körper bohren und die Drähte für die Beine hindurch stecken. Die Füße ebenfalls entsprechend bohren und das andere Ende der Spirale daran befestigen.

4. Den fröhlichen Pfahlgeist zum Schluss mit Klarlack überziehen und gut trocknen lassen.

Material

- Pappel-Sperrholz, 5 mm stark
- Marabu-Decormatt Acryl in Weiß, Taubenblau, Ultramarin, Orange, Gelb, Karminrot
- Marabu-aqua-Klarlack
- Pinsel
- Blumendraht, Ø 0,65 mm
- Marabu-Deco Painter in Schwarz
- Transparentpapier
- weicher Bleistift
- Bindedraht
- Holzkleber
- Schleifpapier
- Bohrmaschine
- dünner Bohrer
- Laubsäge

Modell 38, Vorlage auf Seite 123

Zeit für Kürbisse

1. Das große Fichtenholzbrett auf 108 x 15 cm zusägen. Die Vorlagen abpausen, vergrößern und für Schablonen entlang der Konturen ausschneiden.

2. Die Schablone für den Kürbiskopf quer auf das Brett legen und aussägen. Den Kürbisstiel separat arbeiten und mit einem Holzdübel am Kürbiskopf, den Kürbiskopf ebenso am Brett befestigen. Zum Schluss das Brett mit zwei Holzschrauben und Holzkleber auf der Standplatte fixieren.

3. Den kleinen Kürbis aus dem Fichtenleimholz zusägen und auf der kleinen Standplatte fixieren.

4. Nun alle Teile weiß grundieren, trocknen lassen und dann die Gesichter auf den Holzteilen vorzeichnen. Karminrot und Mittelgelb mischen und die Kürbisse satt in Orange ausmalen. Das Standbrett, die Standplatten und die Kürbisstiele bekommen einen olivgrünen Anstrich. Nach dem Trocknen die Gesichter in Weiß und Schwarz auf die Kürbisse malen.

5. Zum Schluss die Efeuranke um die Standfigur schlingen.

Material

- Fichtenholzbrett, roh, 22 mm stark: 23 x 150 cm (großer Kürbis), 15 x 50 cm (Standplatte großer Kürbis), 12 x 33 cm (Standplatte kleiner Kürbis)
- Fichtenleimholz, 30 x 30 cm (kleiner Kürbis)
- 6 Holzschrauben, 45 mm lang
- Holzdübel, 3 cm lang, Ø 4 mm,
- Marabu-Decormatt Acryl in Olivgrün, Gelbgrün, Mittelgelb, Karminrot, Schwarz, Vanille
- Pinsel
- 3 m Efeu-Minigirlande
- Transparentpapier, weicher Bleistift
- Bindedraht
- Kraftkleber, Holzkleber
- Schleifpapier, Stichsäge
- Bohrmaschine, Holzbohrer

Modell 39, Vorlagen auf den Seiten 124/125

Herr Schneemann füttert die Vögel

1. Das Motiv abpausen und mit einem weichen Bleistift auf Entwurf- oder Architektenpapier übertragen. Das Papier mit der Motivseite nach unten auf das Holz legen und die Konturen, den Kreisausschnitt sowie die Bohrlöcher mit einem harten Bleistift nachzeichnen: Körper und Schal auf das 6 mm starke, die Hutkrempen und die Nase auf das 4 mm starke Sperrholz übertragen.

2. Alle Teile entlang der Konturen zusägen und die Löcher bohren. Mit dem 8er Bohrer ein Loch in den Kreis bohren. Das Sägeblatt ausspannen, durch das Bohrloch führen, wieder einspannen und den Kreis aussägen.

3. Die Kanten vom Schneemann nun mit dem Messer brechen, die Ränder von Kreisausschnitt, Schal, Nase und Hutkrempe glatt schleifen.

4. Dunkelblau im Verhältnis 1:2 mit Wasser verdünnen und damit den Hut und die Krempen lasieren. Mit etwas Schwarz von den Rändern zur Mitte in der Nass-in-Nass-Technik verwischen: Dazu die schwarze Farbe auftragen, während der Untergrund noch Nass ist.

5. Den Schneemann mit Elfenbein grundieren und an den Rändern ein wenig Mittelbraun verwischen. Die Arme in der gleichen Technik mit Mittelbraun andeuten.

6. Den Schal mit Tannengrün anmalen und nach dem Trocknen Streifen in Karminrot und Elfenbein brushen: Mit einem trockenen Pinsel mit runder Spitze Farbe aufnehmen, die Pinselspitze so lange über ein Papiertuch streichen, bis sich kaum noch Farbe im Pinsel befindet, dann den Pinsel über die Kanten und Flächen „bürsten". Die Ränder des Schals und des Huts mit Elfenbein brushen.

7. Das Gesicht übertragen und die Wangen mit Rosa brushen. Den Mund mit dem Deco Painter nachziehen und für die Augen zwei schwarze Punkte mit weißen Lichtpunkten setzen. Die Nase in Mittelgelb grundieren und mit etwas Orange leicht verwischen.

8. Alle Teile mit Montagekleber zusammensetzen und die Farben mit Lackspray versiegeln. Nach dem Trocknen mit dem Deco Painter die feinen Goldstreifen unregelmäßig auf dem Schal stricheln.

9. Den Eisendraht anschleifen, damit er rosten kann, und unregelmäßig über einen runden Gegenstand spiralförmig aufdrehen. Die Enden durch die Bohrlöcher schieben und verdrehen. 10 cm Juteband in der Mitte zusammenraffen, mit Blumenbindedraht abbinden und die Drahtenden hängen lassen. Aus Dekoband eine Schleife binden, mit der Juteschleife verdrahten und die fertige Schleife mit Kraftkleber am Hut befestigen.

10. Den Schraubhaken in den Kreisausschnitt drehen und einen Meisenknödel anhängen.

Material

- Fichtenleimholz, 18 mm stark
- Gabun-Sperrholzplatte, 4 mm und 6 mm stark
- Marabu-Decormatt Acryl in Weiß, Elfenbein, Mittelgelb, Orange, Karminrot, Dunkelblau, Tannengrün, Mittelbraun, Schwarz
- Pinsel, Gr. 8 und Gr. 16
- Ölmalpinsel, Gr. 4, rund
- Acrylpinsel, Gr. 3, Galeria rund
- Marabu-Lackspray in Matt
- Jutewickelband in Natur, 10 cm breit
- kariertes Dekoband in Blau, 10 mm breit
- Marabu-Deco Painter in Schwarz und Gold
- Eisendraht, weichverzinkt
- Blumenbindedraht, Ø 0,35 mm
- Entwurf- oder Architektenpapier
- weicher und harter Bleistift
- Meisenknödel
- Montage Kraftkleber
- Schraubhaken, 20 mm lang
- Schmirgelpapier, 120er Korn
- Messer
- Seitenschneider
- Bohrmaschine
- Holzbohrer, Ø 8 mm
- Metallbohrer, Ø 2 mm
- Laubsäge mit Zubehör

Modell 40, Vorlage auf den Seiten 126/127

Treue Freunde

1. Das Leimholzbrett in der Mitte teilen. Die Vorlagen abpausen, vergrößern und zweimal aus Papier zuschneiden. Die Motivteile entlang der Brettkontur auf dem Leimholzbrett anordnen. Dabei das Katzenohr einmal mit Mütze, einmal ohne Mütze aufzeichnen.

2. Zunächst nur die Umrisse mit Bleistift nachzeichnen, dann alle Teile aussägen und die Kanten mit Schleifpapier versäubern. Dabei die Vorzeichnungen entfernen.

3. Die Einzelteile der roten Katze mit dem angefeuchteten Malschwamm in Mittelbraun lasieren, dabei wenig Farbe verwenden und den Schwamm immer wieder anfeuchten und ausdrücken. Es sollte sich eine unregelmäßige Lasur ergeben.

4. Für die graue Katze alle Teile ebenso lasieren, dabei dem Grau etwas Weiß beimischen.

5. Auf die getrockneten Köpfe Mund, Nase, Ohren und die Markierungen für die Augen mit Kohlepapier auf die Grundierung übertragen. Mit einem feinen Haarpinsel den Mund in Dunkelbraun, Ohren und Nase zunächst in Weiß aufmalen. Die Linien der Vorzeichnungen dabei abdecken. Nach dem Trocknen die Schattierungen in Rosa aufmalen.

6. Je eine flache Perle als Auge mit einem Nagel an den markierten Stellen anbringen und weiße Lichtreflexe aufmalen.

7. Das Tigerfell-Muster mit einem Haarpinsel und weißer Farbe auftragen, dabei nicht zu genau arbeiten. Je ungenauer die Pinselstriche, desto natürlicher die Wirkung.

8. Die Markierungen für die Klebeflächen auf die Hinterpfoten und den Rumpf übertragen, Teile mit Holzleim bestreichen und zusammenfügen. Zum Trocknen Schraubzwingen anlegen oder die Teile beschweren.

9. Kopf und Rumpf mit je einem Bohrloch versehen, den Holzdübel mit etwas Leim im Rumpf befestigen, dann den Kopf aufstecken. Zum Schluss die Katzen mit je zwei Holzschrauben am Zaun befestigen, damit sie nicht abhanden kommen.

Material

- Leimholzbrett, 120 x 20 cm, 18 mm stark
- Marabu-Decormatt Acryl in Weiß, Grau, Rosa, Karminrot, Mittel- und Dunkelbraun
- Haar- und Borstenpinsel
- Malschwamm
- 4 flache Holzperlen in Dunkelbraun, Ø 14 mm
- 2 Holzdübel, Ø 8 mm
- Transparent- und Kohlepapier
- Bleistift
- Holzleim
- Schleifpapier
- Hammer, Schraubzwingen
- Bohrmaschine
- Holzbohrer, Ø 8 mm
- Stich- oder Dekupiersäge

Modell 41, Vorlagen auf den Seiten 128/129

Schneehöhe? Optimal!

1. Die Holzlatte weiß grundieren und nach dem Trocknen mit Schleifpapier glätten. Die Motivteile abpausen, vergrößern und auf die Sperrholzplatte übertragen: Dafür mit Bleistift die Linien auf der Rückseite der Zeichnung schwärzen, die Zeichnung auflegen, mit Klebestreifen fixieren und mit Bleistift alle Linien fest drückend nachmalen und somit übertragen. Die Zaunlatte laut Abbildung bis auf 25 cm Höhe mit Bleistift und Lineal vermaßen.

2. Schneemann, Nase und Ilexblätter aussägen. Damit das Sägeblatt an Ecken und Rundungen leicht in eine neue Richtung gedreht werden kann, werden an diesen Stellen mit dem Drillbohrer Löcher vorgebohrt. Alle Kanten mit der Feile schräg abrunden und glätten. Die Kiefernholzleiste an beiden Enden abrunden.

3. Alle Teile weiß grundieren. Kanten und Flächen nach dem Trocknen mit Schleifpapier glätten. Dann alles ein zweites Mal grundieren.

4. Den Schneemann farbig gestalten: Die weiße Farbe teilweise mit Hellblau abschattieren. Den Zylinder schwarz und mit einem grauen Band (aus Schwarz und Weiß gemischt) malen. Das Orange aus Zinnoberrot und Gelb mischen. Bei der Nase und den Ilexblättern werden auch die seitlich überstehenden und von der Rückseite sichtbaren Teile bemalt.

5. Nach dem Trocknen den Schneemann mit Holzleim zusammensetzen und die roten Holzperlen aufkleben. Die Skala mit schwarzer Farbe auf die Zaunlatte malen.

6. Für die Befestigung mit dem Drillbohrer drei Löcher in die Bauchknöpfe (in jeden 2. Kreis ein Loch laut Vorlage) bohren. Die Arm-Querlatte unterlegen und festschrauben. Dann die Zaunlatte senkrecht ebenso befestigen.

7. Die Holz-Buttons weiß grundieren. Das Silberband mit Hartschaumkleber im Kontaktklebeverfahren zuerst als Aufhänger befestigen, dann das Silberband über Kreuz gelegt wie einen „Schneekristall" aufkleben. Die Buttons mit den Aufhängebändern an der Querlatte festkleben.

8. Strukturschnee auftragen und trocknen lassen. Für ein „frostiges" Aussehen Strukturgel Glitter-Eis darüber streichen. Mit dem Pinsel Glitter-Eis auch auf die Buttons auftragen.

Tipp

Wer keine Möglichkeit hat, den Schneemann in die Erde zu stellen, befestigt unter der Latte ein Brett als Standfuß. Steine auf dem Brett sorgen für Standfestigkeit.

Material

- Zaunlatte in Fichte „Standard", 70 x 9,5 cm, 24 mm stark
- Kiefernholzleiste 5 x 50 cm, 10 mm stark
- Sperrholzplatten-Zuschnitt, Pappel, 30 x 60 cm, 5 mm stark
- Flach- und Rundhaarpinsel
- Marabu-Decorlack Acryl in Weiß, Schwarz, Saftgrün, Zinnoberrot, Gelb, Hellblau
- 6 Holzmotive „Button", Ø 50 mm
- Strukturschnee
- Marabu-Strukturgel Glitter-Eis
- Kräuselband in Lurex Silber, 5 mm breit
- 10 Holzfädelperlen in Rot, Ø 8 mm
- Entwurfpapier
- weicher Bleistift (2B)
- Klebefilm
- 3 Holzschrauben
- schnelltrocknender Holzleim
- Hartschaumkleber
- 120er Schleifpapier
- Feilen
- Drillbohrer
- Laubsäge mit Zubehör

Modell 42, Vorlagen auf den Seiten 130/131

25 cm
20
15
10

Winterkranz mit Pinguinen

1. Eine Sperrholzplatte weiß grundieren, trocknen lassen und die Oberfläche mit feinkörnigem Schleifpapier nachglätten. Den Schmirgelstaub anschließend mit einem Pinsel entfernen.

2. Pinguin-Motive grob ausschneiden, dann die oberste, bedruckte Lage vorsichtig abziehen. Mit etwas Servietten-Lack zwischen Daumen und Zeigefinger lassen sich die Lagen leichter trennen.

3. Den Servietten-Lack gleichmäßig auf das grundierte Sperrholz auftragen, die Motive Platz sparend auflegen und mit dem Pinsel vorsichtig an mehreren Punkten zügig andrücken. Ein weicher Borstenpinsel ist am besten geeignet. Nochmals Servietten-Lack auf den Pinsel nehmen und die Motive komplett damit überstreichen. Dabei stets von innen nach außen arbeiten und den Pinsel etwas fester andrücken. Sollte das Motiv einreißen, kann es im nassen Zustand noch abgenommen werden.

4. Die Pinguine entlang der Außenkonturen aussägen. Dabei etwas Abstand zum Motiv halten. Die Kanten der Unterseite mit Schleifpapier versäubern. Dabei das gesägte Stück mit der Motivseite nach oben halten und das Schmirgelpapier von unten nach oben ziehen, so dass abstehende Faserspäne nicht einreißen oder abbrechen können.

5. Auf der Rückseite mit Holzleim mehrere Wäscheklammern mit den Öffnungen nach außen anbringen. Mit ihnen werden die Pinguine an den Zweigen des Kranzes befestigt. Die Girlande um den Kranz wickeln.

Material

- Sperrholzplatte, 4 mm stark
- Marabu-Servietten-Lack & Kleber
- Marabu-Decormatt Acryl in Weiß
- weicher Borstenpinsel
- Motivservietten mit Pinguinen
- Holzwäscheklammern, 7 cm lang
- Eis-Kristall-Girlande, 2,7 m lang
- Holzleim
- Schere
- Schleifpapier
- Laub- oder Dekupiersäge

Modell 43

Niedliche Kantenhocker

1. Das Sperrholz weiß grundieren und nach dem Trocknen die Oberfläche glätten.

2. Serviettenmotiv grob ausschneiden, dabei die Schuhpaare separat ausschneiden. Von allen Motiven die oberste Lage abziehen.

3. Wie bei den Pinguinen auf Seite 62, Schritt 3 und 4 beschrieben, die Motive übertragen und aussägen. Beim Aussägen der Figuren innerhalb der Pulloverbündchen einen geraden Schnitt vorzeichnen und sägen. Anschließend die Kanten wie beschrieben versäubern.

4. Das Motiv an den Seitenkanten in der entsprechenden Farbe weiter führen.

5. Für die Beine Rundholz in vier gleich lange Stücke sägen, weiß grundieren und mit einem Streifenmuster bemalen. Nach dem Trocknen etwas Beige als Patinierung mit dem Malschwamm auftupfen. Schuhe mit Holzleim an den Beinen ankleben und trocknen lassen. Die Beinpaare an Schneemann und Bär anleimen und zum Trocknen abstützen.

Material

- Sperrholzplatte, 4 mm stark
- Rundholzrest für die Beine
- Marabu-Decormatt Acryl in Weiß, Beige
- Marabu-Servietten-Lack & Kleber
- weicher Borstenpinsel
- Motivserviette „Zwei Freunde"
- Holzwäscheklammern, 7 cm lang
- Schere
- Holzleim
- Schleifpapier
- Laub- oder Dekupiersäge

Modell 44

Schneefrau mit Herz

1. Eine Zaunlatte in der Mitte durchsägen (= 35 cm). Die ganze Zaunlatte in die Mitte legen, rechts und links die halbierten Stücke 5 cm nach oben schieben. Von der Unterkante der mittleren Zaunlatte aus jeweils an den Stößen 13,5 und 30 cm nach oben messen und markieren. An den Markierungen mittig in die Seitenkanten mit dem 6 mm starken Bohrer 1,5 cm tiefe Löcher bohren.

2. Vom Rundstab vier 4 cm lange Stücke absägen und die Enden mit dem Bleistiftspitzer „anfasern". Nun die Lattenstücke mit den Rundholzstücken zusammenstecken. Die Latten sollten etwa einen Abstand von 1 cm zueinander haben.

3. Die Vorlagen abpausen und vergrößern. Das Herz aus Fotokarton ausschneiden und auf die Zaunlatten übertragen. Die übrigen Teile auf Sperrholz übertragen. Die Rundholzstücke von den Latten ziehen und die Herzteile aussägen. Für die Aufhängung in die Seitenkanten der seitlichen Herzlatten laut Vorlage mit dem 3 mm starken Bohrer etwa 2 cm tiefe Löcher einbohren.

4. Für die Schildaufhängung laut Vorlage an den seitlichen Latten in den Spitzen je ein Loch durchbohren. In das Schild laut Vorlage zwei Löcher bohren. Alle Kanten und Flächen glatt schmirgeln.

5. Herzteile und die Rundholzstücke rot bemalen und trocknen lassen. Blau mit viel Wasser verdünnen und die Teile in schnellen Strichen lasierend damit übermalen. Nach dem Trocken das Herz mit Hilfe der Rundholzstücke zusammenleimen.

6. Schneemann, Bodenplatte und Schild aus Sperrholz zusägen und die Kanten glätten. Dann den Schneemann weiß grundieren, trocknen lassen, die Innenlinien übertragen und ausmalen. Die Ast-Arme aus braunem Fotokarton ausschneiden und auf die Rückseite kleben.

7. Die Position des Schneemanns auf dem Bodenteil markieren. Strukturschnee auf das Bodenteil auftragen, dabei die Leimfläche des Schneemanns aussparen. Trocknen lassen, dann das Bodenteil auf das Herz leimen. Ein 2 cm großes Quadrat aus Sperrholz als Distanzstück auf die Schneemannrückseite (in Gesichtshöhe) leimen, dann den Schneemann auf das Bodenteil und das Herz leimen.

8. Das Schild blau grundieren, trocknen lassen, wie in Schritt 6 beschrieben rot lasieren. Buchstaben übertragen und ausmalen, Schneeflöckchen auftupfen.

9. Eimer und Schneebälle aus Fotokarton ausschneiden, aufeinander kleben und auf die Schneebälle Strukturschnee auftragen.

10. Für den Besenstiel einen ca. 12 cm langen Schaschlikspieß schwarz bemalen. Einen 4 x 20 cm langen, braunen Tonpapierstreifen zuschneiden. An einer Längskante ca. 2 cm lange Fransen, an der gegenüberliegenden Kante ca. 1 cm lange Fransen schneiden. Die Fransen vorsichtig über eine Linealkante ziehen. Kleber auf ein Spießende geben und den Streifen eng darum wickeln, das Ende mit etwas Klebstoff sichern. Eimer und Besen auf das Bodenteil kleben.

11. Zwei je 40 cm lange Drahtstücke zuschneiden, doppelt legen und am Bruch mit Hilfe von ca. 1 cm langen Schaschlikspießstücken in die unteren Herzlöcher leimen. Das Schild an den Drähten befestigen.

12. Für die Herzaufhängung zwei 60 cm lange Drahtstücke aufeinander legen. Die Enden jeweils zusammen mit zwei 1,5 cm langen Schaschlikspießstücken in die oberen Herzlöcher leimen.

Material

- 2 Zaunlatten in Fichte Standard, 70 x 9,5 x 2,4 cm
- Sperrholzplatte, 30 x 60 cm, 5 mm stark
- Marabu-Decormatt Acryl in Weiß, Schwarz, Karminrot, Mittelgelb, Ultramarinblau, Orange und Tannengrün
- Rundhaar- und Flachpinsel
- Strukturschnee
- Fotokarton in Rehbraun, Mittelblau und Weiß
- Tonzeichenpapier, 25 x 35 cm in Schokobraun
- Effektdraht in Rot
- Buchenrundstäbe, Ø 6 mm
- Holzschaschlikspieße, Ø 3 mm
- schnelltrocknender Holzleim
- Alleskleber
- Bleistiftspitzer
- Entwurfpapier
- Pauspapier
- Fotokarton für eine Schablone
- Bohrmaschine und Bohrer, Ø 3 mm und 6 mm
- Stichsäge, Laubsäge mit Zubehör
- 120er Schmirgelpapier

Modell 45, Vorlagen auf den Seiten 132/133

Adventskranz mit verspielten Motiven

1. Sperrholzplatte weiß grundieren, trocknen lassen und die Oberfläche mit feinkörnigem Schleifpapier nachglätten. Den Schmirgelstaub anschließend mit einem trockenen Pinsel entfernen.

2. Die Motive grob ausschneiden, dann die oberste Lage vorsichtig abziehen. Mit etwas Servietten-Lack zwischen den Fingern trennen sich die Lagen leichter.

3. Wie auf Seite 62, Schritt 3 und 4 beschrieben, die Motive auf das Sperrholz übertragen, zusägen und die Kanten vorsichtig glätten.

4. Für jedes ausgesägte Motiv einen Blumensteckdraht in der Hälfte knicken. Eines der Enden so weit umbiegen, dass in der Mitte eine kleine Schlaufe entsteht. Mit einem Reißnagel wird jedes Motiv auf der Rückseite mit einem Steckdraht versehen. Zur Befestigung am Kranz beide Drahtenden durch die Tannenzweige stecken und an der Unterseite umbiegen.

Material

- Sperrholzplatte, 4 mm stark
- Motivservietten „Weihnachtsgebäck“ und „Vor der Tür“
- Marabu-Servietten-Lack & Kleber
- Marabu-Decormatt Acryl in Weiß
- weicher Borstenpinsel
- Blumensteckdraht
- Reißzwecken
- Holzleim
- Schere

- Flach- oder Rundzange
- Schleifpapier
- Laub- oder Dekupiersäge

Modell 46

Winterliche Dekoration mit Gänsen

1. Die Vorlage für die Gans abpausen, das Motiv auf die Leimholzplatte übertragen und aussägen. Die Kanten nun mit Schleifpapier glätten. Dann nach Wunsch eine zweite Gans zusägen.

2. Weiße Farbe mit Wasser verdünnen und damit den Körper der Gans lasieren. Nach dem Trocknen den Schnabel und die Füße mit verdünnter Farbe in Gelb lasieren. Die Augen in Schwarz aufmalen.

3. Für jede Gans ein 12 mm starkes Standbrett mit 12 x 8 cm zusägen und weiß lasieren. Das Standbrett mit Leim an den Füßen befestigen.

Material

- Leimholzplatte aus Tanne oder Fichte, 18 mm stark
- Leimholzrest als Standbrett, 12 mm stark
- Marabu-Decormatt Acryl in Weiß, Schwarz, Mittelgelb
- Pinsel
- Transparentpapier
- Kopierpapier
- Holzleim
- 120er Schleifpapier
- Dekupiersäge

Modell 47, Vorlage auf Seite 134

Was hat der Nikolaus in seinen Säckchen?

1. Die Vorlagen abpausen, vergrößern und auf das entsprechende Holz übertragen. Den Schnurrbart frei aufzeichnen. Alle Teile zusägen und die Kanten dann mit Schleifpapier glätten.

2. Den Standfuß mit zwei Holzschrauben an die Figur anbringen und zusätzlich verleimen. Die Hand und den Schnurrbart anleimen.

3. Die Figur laut Abbildung anmalen und trocknen lassen. Anschließend in der Spitze der Mütze ein kleines Loch bohren und das Glöckchen mit Bindedraht befestigen.

4. Nun den Nikolaus mit ausgestopften Jutesäcken oder Geschenken dekorieren.

Material

- Fichtenholzbretter, 18 mm stark: 24 x 115 cm (Figur) und 16 x 45 cm (Standfläche)
- Sperrholzplatte, 25 x 25 cm (Schnurrbart und Handschuh), 12 mm stark
- 2 Holzschrauben, 45 mm lang
- Marabu-Decorlack Acryl in Weiß, Schwarz, Karminrot, Olivgrün
- Pinsel
- Bindedraht
- Glöckchen, Ø 2 cm
- 2 Jutesäcke
- Transparentpapier
- Kohlepapier
- Schleifpapier
- Bohrmaschine
- Holzbohrer
- Stichsäge

Modell 48, Vorlagen auf Seite 135

Ein besonderer Geschenkbote

1. Alle Vorlagen abpausen, vergrößern, auf das entsprechende Holz übertragen und mit der Stichsäge aussägen, dabei Geweih und Ohren je zweimal, die Nase einmal aussägen. Die Kanten mit Schleifpapier glätten.

2. Den Standfuß mit zwei Holzschrauben an die Figur anbringen und zusätzlich verleimen. Danach die Hörner mit Holzdübel und Holzleim am Kopf befestigen. Für jedes Ohr zwei Löcher laut Markierung bohren und die Ohren mit Bindedraht anbringen. Die Nase wird angeleimt.

3. Den Elch laut Abbildung anmalen und trocknen lassen, dann die Rundhaken an den gewünschten Stellen eindrehen.

Material

- Fichtenholzbretter, 18 mm stark: 23 x 100 cm (Figur), 20 x 40 cm (Standfläche), 15 x 60 cm (Geweih und Ohren)
- Sperrholzbrett, 7 x 10 cm (Nase), 12 mm stark
- Marabu-Decorlack Acryl in Weiß, Schwarz, Mittelbraun, Sand, Karminrot
- Pinsel
- 2 Holzschrauben, 45 mm lang
- 2 Holzdübel, 4 x 30 mm
- 8 Rundhaken
- Transparent- und Kohlepapier
- Bindedraht, Schleifpapier
- Bohrmaschine
- Hohlzbohrer, Ø 2 und 4 mm
- Stichsäge

Modell 49, Vorlagen auf Seite 135

Winterliches Klangspiel

1. Die Schneeflocke weiß grundieren, dabei die Farbe an den etwas saugfähigeren Seitenflächen dicker auftragen. Gut trocknen lassen, dann die Oberfläche leicht mit Schleifpapier bearbeiten und anschließend den Schmirgelstaub entfernen.

2. Vorder- und nach Wunsch auch die Rückseite in Perlmutt-Weiß bemalen und trocknen lassen.

3. Alleskleber in Tropfen auftragen, Pailletten und Perlen aufsetzen. Nach dem Trocknen die Klangstäbe mit Draht an den Bohrungen befestigen und die Schneeflocke mit Satinband aufhängen.

Material

- 1 Holzschneeflocke
- Marabu-Decormatt Acryl in Weiß
- Marabu-Decorlack Acryl in Perlmutt-Weiß
- Pinsel
- Klangstäbe in Silber, 8 cm lang
- Wachsperlen, irisierend weiß, Ø 4 mm
- Pailletten, irisierend rosa, gewölbt, Ø 6 mm
- Silberdraht
- Satinband in Rosa
- Alleskleber
- Schleifpapier, feinkörnig

Modell 50

Geschenkklammern und Anhänger

1. Eine Sperrholzplatte weiß grundieren, trocknen lassen und die Oberfläche mit feinkörnigem Schleifpapier nachglätten. Schmirgelstaub anschließend mit einem trockenen Pinsel entfernen.

2. Servietten-Motive wie auf Seite 62, Schritt 2 bis 4 beschrieben auf das Holz aufbringen, aussägen und die Kanten vorsichtig glätten.

3. Auf der Rückseite mit Holzleim je eine Wäscheklammer befestigen. Diese sollten so positioniert werden, dass bei Verwendung als Geldscheinklammer das Motiv zum Geldschein, bei einer Grußkartenklammer zum Kärtchen hin gerichtet ist.

4. Zum Schluss das gesamte Stück mit Klarlack überziehen, dabei auch die Seitenkante, Rückseite und die Klammer überstreichen.

Material

- Sperrholzplatte, 4 mm stark
- Motivservietten „Super Geschenke" und „Weihnachtsexpress"
- Marabu-Servietten-Lack & Kleber
- Marabu-Decormatt Acryl in Weiß
- weicher Borstenpinsel
- Holzwäscheklammern, 7 cm lang
- Schere
- Holzleim
- Schleifpapier
- Laub- oder Dekupiersäge

Modell 51

Himmlischer Bote

1. Alle Körperteile inklusive der Bohrmarkierungen abpausen und vergrößern. Die Teile auf das Leimholz übertragen, aussägen und die Kanten mit Schleifpapier glätten. Danach den Schleifstaub entfernen. Mit einem 3 mm starken Holzbohrer die Löcher in den Händen und an den Armen ausführen.

2. Die Flügel in Weiß grundieren und in die noch nasse Farbe der Flügel gelbe Schattierungen malen. Das Gesicht und die Hände in Hautfarbe, die Bluse in Zinnoberrot und das Kleid in Saftgrün grundieren. Nach dem Trocknen den oberen Teil der Beine hautfarben, die Strümpfe rot-weiß gestreift und die Schuhe schwarz bemalen. Die Farben nach den einzelnen Anstrichen trocknen lassen, damit sie nicht ineinander laufen.

3. Nun die Gesichtszüge aufpausen, ausarbeiten und mit einem Schwämmchen und Puder die Bäckchen kreisförmig aufreiben.

4. Für das Karomuster der Bluse mit einem schmalen Flachpinsel karminrote Querstreifen aufmalen. Nach dem Trocknen senkrechte und waagerechte Streifen aufsetzen. Mit einem feinen Haarpinsel die Steppstiche, die Träger und die Brusttasche auf den Rock malen und das Karomuster vereinzelt schattieren. Einzelne Konturen schwarz hervorheben.

5. Die Flügel mit Holzleim auf den Rücken kleben, evtl. mit kleinen Holzschrauben zusätzlich befestigen. Nach dem Trocknen des Holzleims die Arme auf den Körper kleben.

6. Einen Steckdraht mehrmals um ein dickes Rundholz wickeln, vom Stab schieben und zwei Ösen abzwacken. Diese mit einer Rundzange flach biegen und in die Löcher der Arme kleben. Ein Bastbüschel mit Draht abbinden, die Drahtenden spiralförmig biegen. Das Haarbüschel auf den Kopf, zwei kleine Knöpfchen und ein Filzsternchen an den Rock kleben.

7. Eine Kordel durch die Bohrung im Handrücken ziehen und beidseitig mit Knoten fixieren. Mit kleinen Wäscheklammern Weihnachtsgrüße befestigen.

Tipp

Zur besseren Standfestigkeit der Figur auf der Rückseite der Füße ein zurechtgesägtes Dreieck mit Heißkleber befestigen.

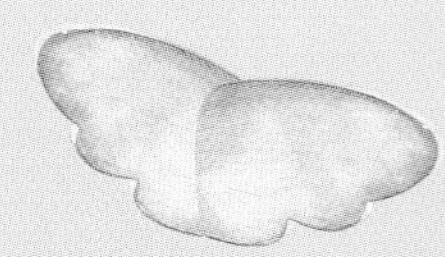

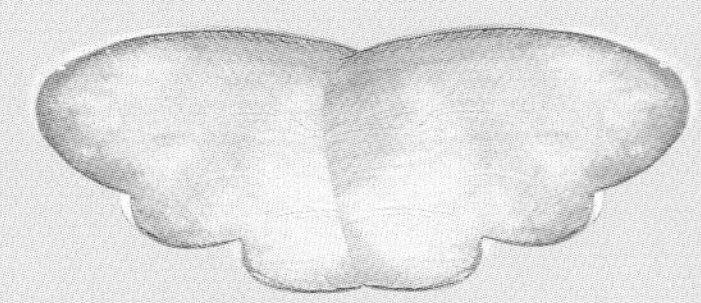

Material

- Leimholz, 18 mm stark
- Marabu-Decormatt Acryl in Weiß, Zinnoberrot hell, Karminrot, Hautfarbe, Saftgrün, Mittelbraun, Elfenbein, Schwarz
- feiner Pinsel Nr. 4
- Flachpinsel Nr. 6 und 16
- Marabu-Deco Painter in Weiß, Ø 1-2 mm
- Naturbast
- 2 schwarze Plastikhalbperlen, Ø 6 mm
- Wickeldraht, 2 x 15 cm lang, Ø 0,5 mm
- Steckdrahtstücke, 2 x 20 cm, Ø 1,2 mm
- Filzrest in Gelb
- rote Knöpfe
- 50 cm Jutegarn in Natur, Ø 2,5 mm
- bunte Holzwäscheklammern, 4,5 cm lang
- Transparentpapier
- Bleistift
- Radierer
- Pauspapier
- Schere
- Kombizange
- Holzleim
- Heißklebepistole
- Schleifpapier, Körnung 140
- Bohrmaschine
- Holzbohrer, Ø 3 mm
- Dekupiersäge

Modell 52, Vorlagen auf den Seiten 136/137

MERRY
CHRISTMAS

Nikolaus-Girlande und -Anhänger

1. Die Vorlage mit Transparentpapier abpausen und auf jede Sperrholzplatte sechsmal mit Kohlepapier die Umrisse übertragen. Die Anordnung ist auf der Schemazeichnung zu erkennen.

2. Im folgenden Arbeitsschritt alle 24 Nikolausköpfe aussägen, die Kanten mit Schmirgelpapier glätten und den Schmirgelstaub mit einem trockenen Pinsel entfernen.

3. Nun die Details des Motivs übertragen. Zunächst die rote Mütze und den Gesichtsbereich in Hautfarbe anmalen. Die Vorzeichnung ist auch nach dem Trocknen der Farben noch zu sehen. Entlang dieser sichtbaren Linien und laut Abbildung Haare, Bart, Brauen und Fellteile in Weiß aufmalen, dabei Decormatt Acryl unverdünnte dick und plastisch mit einem feinen Haarpinsel auftragen. Gut durchtrocknen lassen.

4. Mit dem schwarzen Painter das Gesicht aufmalen. Eventuell die Vorlage nochmals durchpausen.

5. Die Nikoläuse mit Heißkleber am Bändchen der Girlande befestigen. Für Geschenkanhänger rückseitig am Nikolauskopf Bändchen befestigen und dieses an die Paketschleife binden.

Material

- 4 Sperrholzplatten, 21 x 30 cm, 4 mm stark
- Marabu-Decormatt Acryl in Weiß
- Marabu-Decorlack Acryl in Weiß, Hautfarbe und Karminrot
- Marabu-Brilliant Painter in Schwarz
- Haarpinsel
- Borstenpinsel
- 1 Adventszahlengirlande
- Transparentpapier
- Kohlepapier
- Bleistift
- Heißklebepistole
- Schleifpapier
- Laub- oder Dekupiersäge

Modell 53, Vorlage auf Seite 140

FROHES
FEST !

Schwebender Engel

1. Die Vorlagen abpausen und vergrößern. Die Vorlage des Flügels beiseite legen. Die übrigen Teile auf dem Leimholz anordnen und alle Konturen übertragen. Alle Teile aussägen. Die Stütze entsteht aus dem Reststück des Brettes. Kanten mit Schleifpapier glätten, dabei die sichtbaren Reste der Vorzeichnung entfernen.

2. Die Holzoberfläche im Bereich von Haaren und Kleid weiß grundieren und trocknen lassen. Dann den Engel bemalen, dabei die Linien des Kohlepapiers abdecken. Wichtig: Die Farbe auf nicht grundierten Bereichen unbedingt unverdünnt mit einem trockenen Pinsel auftragen, sonst verlaufen die Linien in den Holzfasern.

3. Ärmel und den unteren Streifen des Kleides mit einem roten Karomuster bedrucken. Dazu mit einem Teppichmesser einen Stempel mit quadratischer Druckfläche aus einer Formy-Platte schneiden. Etwas rote Farbe auf ein Stück Karton geben und tupfend verteilen. Karos auf die weiße Grundierung aufdrucken. Ist die rote Farbe trocken, werden auf dieselbe Weise die goldenen Karos gedruckt. Die vordere Fläche des Formy-Stempels kann nach jeder Farbe einfach mit dem Messer glatt abgeschnitten und der Stempel so wieder verwendet werden. Die Karos dürfen etwas unregelmäßig gedruckt sein.

4. Mit Holzleim die Hände an den Ärmeln und die Ohren an der Rückseite des Gesichts laut Abbildung befestigen. Nach dem Trocknen das Gesicht auf den Haarschopf ankleben. Arme und Kopf mit je einer Holzschraube befestigen. Damit die Haltung und die Gestik verändert werden kann, die Löcher hierfür vorbohren.

5. Um den Engel auf einer Treppe schweben zu lassen, das Standbrett versetzt anbringen: Etwa 8 cm von der Kleidunterkante das Brett mit zwei Holzdübeln und Holzleim befestigen. Zum Aufstellen das Brett mit einem Ziegelstein beschweren.

6. Für das Flügelpaar die Vorlage mit dem Bleistift auf einer weichen Unterlage zweimal gegengleich auf die Metallfolie durchdrücken. Flügel entlang der Prägung ausschneiden und mit je zwei Reißnägeln am Rücken des Engels befestigen.

7. Für die Beine aus je einem 20 cm langen Drahtstück eine Spange biegen. Diese in je eine Metall-Öse einhängen und die beiden Drahtenden miteinander verdrehen. In jeden Fuß ein Loch bohren, die letzten 3 cm der Drahtenden mit der Zange parallel biegen und durch diese Bohrungen stecken. Die Enden an der Unterseite zu Spiralen eindrehen und so umbiegen, dass sie von oben nicht sichtbar sind.

8. An der Unterkante des Kleides mittig zwei kleine Löcher im Abstand von 4 cm bohren. Die Metall-Ösen einschrauben, dabei den Fuß immer mitdrehen. Zum Schluss die Drahtbeine hängen lassen, Füße nach vorne drehen. Zur Benutzung im Freien ist ein Schlussanstrich mit Mattlack zu empfehlen.

Material

- Leimholzbrett, 30 x 100 cm, 18 mm stark
- Formy, Zauberstempel, 28 mm dick
- Marabu-Decormatt Acryl in Weiß
- Marabu-Decorlack Acryl in Gold, Bordeaux, Dunkelbraun, Schwarz
- Marabu-aqua-Mattlack
- Haar- und Borstenpinsel
- Aluminiumdraht, 2 mm stark
- 2 DIN A 4-Bögen Metallfolie in Gold
- 2 Schraub-Ösen, 16 x 6 mm
- 3 Holzschrauben, 2 x 30 mm lang
- 2 Holzdübel, Ø 5 mm
- 1 Ziegelstein
- Kohle- und Transparentpapier
- Schere und Bleistift
- Holzleim
- Schleifpapier
- Teppichmesser
- Flachzange
- Akku-Bohrschrauber oder Schraubendreher
- Bohrer, Ø 2 und 5 mm
- Stich- oder Dekupiersäge

Modell 54, Vorlagen auf den Seiten 138/139

Windlicht mit Stern

1. Das Holz mit der Tischkreissäge zusägen: Vorder- und Hinterteil je 130 x 130 x 15 mm, Seitenteile je 130 x 100 x 15 mm und Boden 100 x 100 x 10 mm groß.

2. Die Vorlage des Sterns mit Transparentpapier abpausen und mittig auf die spätere Vorderseite der Laterne übertragen. Mit der Dekupiersäge den Stern aussägen.

3. Die Laterne zusammenbauen, verleimen und zusätzlich mit den Stiften verstärken. An den Seitenteilen jeweils ein Loch für die Drahtaufhängung laut Abbildung bohren.

4. Mit stark verdünnter Bastelfarbe die Laterne weiß lasieren. Nach dem Trocknen den Drahthenkel in den Löchern befestigen.

Material

- Sägeraues Nadelholz, 15 mm und 10 mm stark
- Marabu-Decormatt Acryl in Weiß
- Pinsel
- Marabu-Sprühlack
- 30er oder 35er Stifte (kleine Nägel)
- 50 cm Draht, Ø 2 mm
- Transparent- und Kopierpapier
- Bleistift
- Holzleim
- Schleifpapier
- Bohrmaschine mit 4 mm Bohrer
- Tischkreissäge
- Dekupiersäge

Modell 55, Vorlage auf Seite 141

Dieser Engel ist gern zu Diensten

1. Die Vorlagen abpausen und vergrößern. Für Schablonen die Zeichnungen auf Karton übertragen und ausschneiden. Alles auf die entsprechend zugesägten Holzbretter übertragen, aussägen und die Kanten mit Schleifpapier glätten.

2. Mit dem Bleistift das Gesicht und die Sterne auf den Holzrohling aufzeichnen und den Engel laut Abbildung bemalen.

3. Nach dem Trocknen die Arme seitlich am Körper mit den Schrauben befestigen. Für die 3-D-Optik die Holzbrettchen auf dem Rücken des Engels anbringen und hierauf die Flügel kleben.

4. Zum Schluss aus Flachs die Frisur formen und mit Heißkleber befestigen.

Tipp

Vervollständigt wird der Engel mit einem Herz aus Stoffresten. Hierfür die Vorlage doppelt zuschneiden, beide Teile zusammennähen und vor dem Schließen mit etwas Watte ausstopfen.

Material

- Fichtenholzbrett, 18 mm stark: 22 x 140 cm (Figur), 20 x 37 cm (Arme), 22 x 10 cm (Standfläche)
- Sperrholzplatte, 50 x 40 cm, 12 mm stark
- 2 Holzbrettchen, 7 x 7 cm, 18 mm stark
- Marabu-Decorlack Acryl in Weiß, Hautfarbe, Metallic-Silber, Schwarz, Karminrot
- Pinsel
- Flachszopf
- 6 Holzschrauben, 45 mm lang
- Transparent- und Kohlepapier
- Bleistift
- Heißklebepistole
- Holzleim
- Schleifpapier
- Bohrmaschine
- Holzbohrer, Ø 4mm
- Stichsäge

Modell 56, Vorlagen auf den Seiten 140/141

Vorlagen

Modell 1
Zwerge

Vorlagen 1c auf
125 % vergrößern.

Modell 2
Tulpe

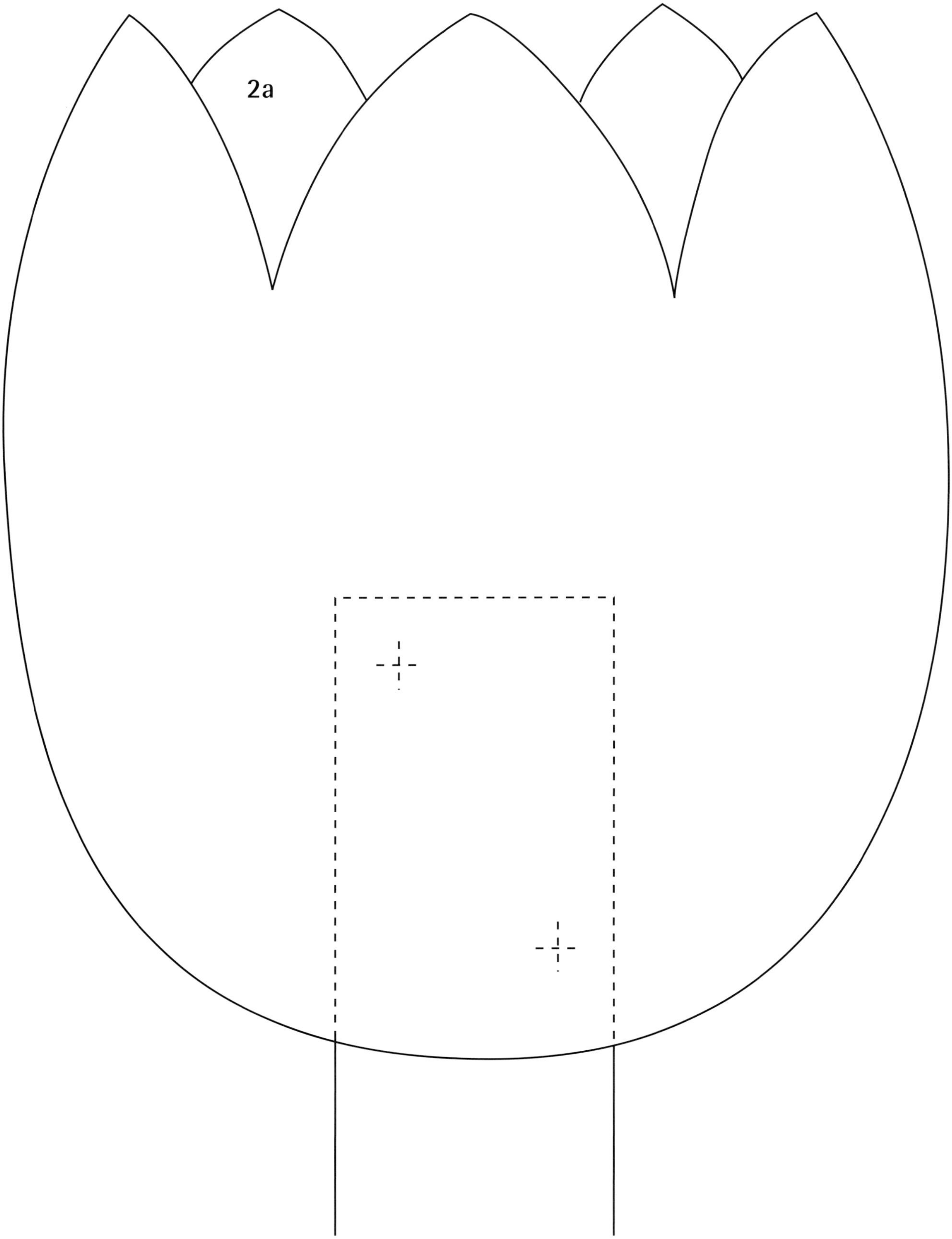

Modell 3
Hase

Vorlage 3 auf
250 % vergrößern.

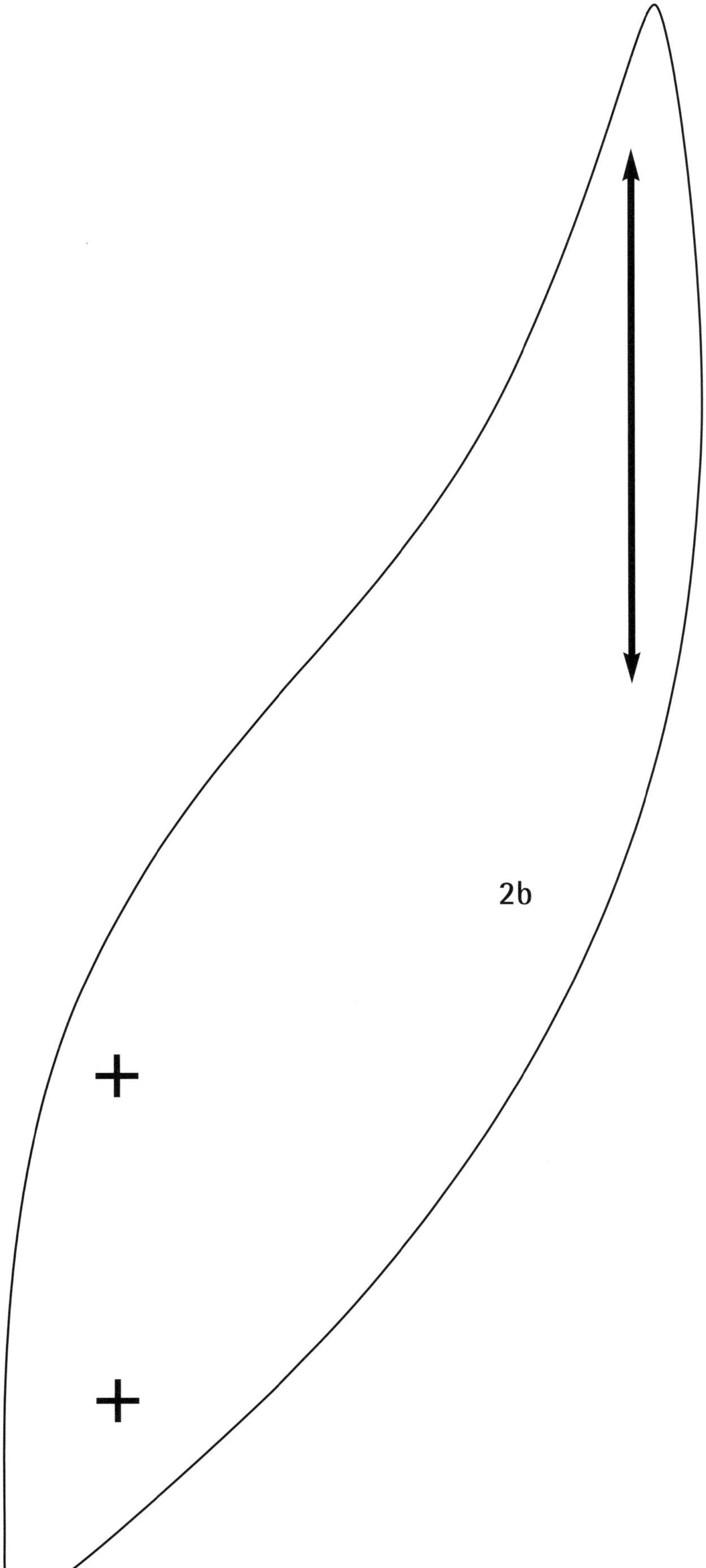

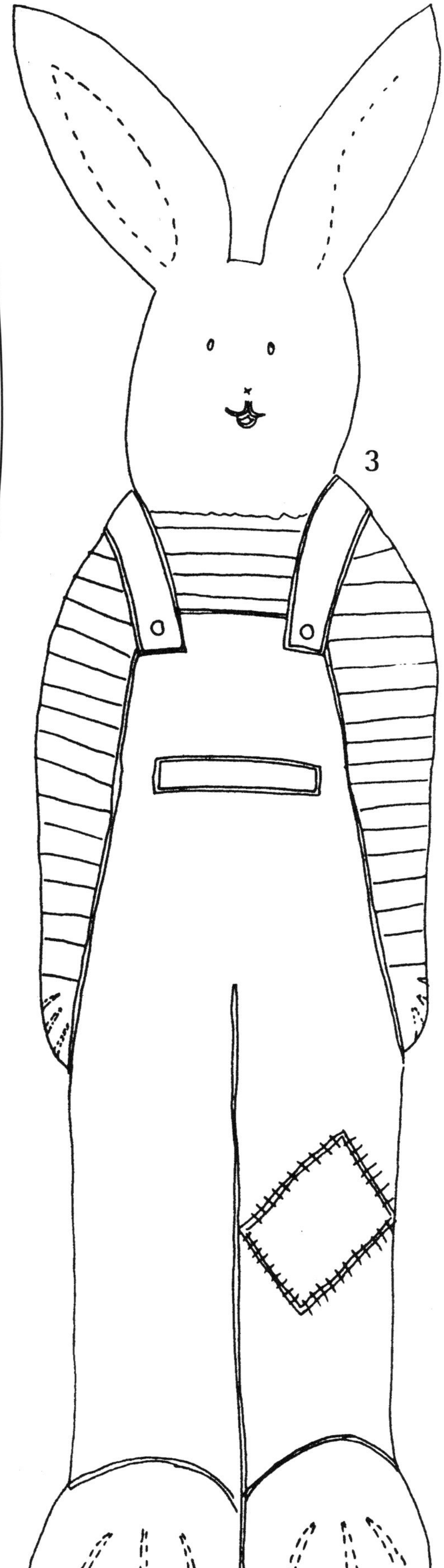

Modell 4
Küken

4

5b

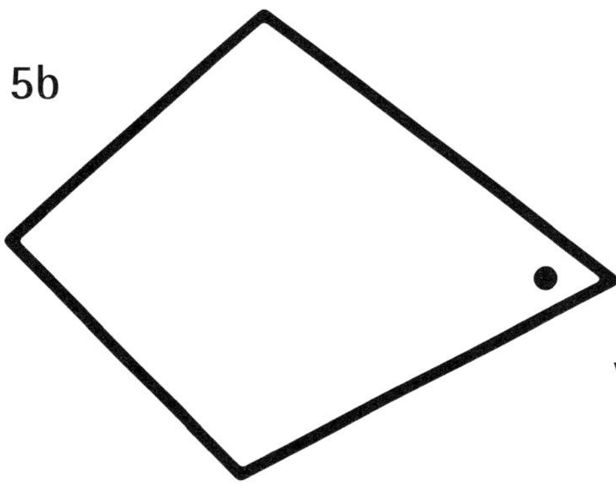

5c

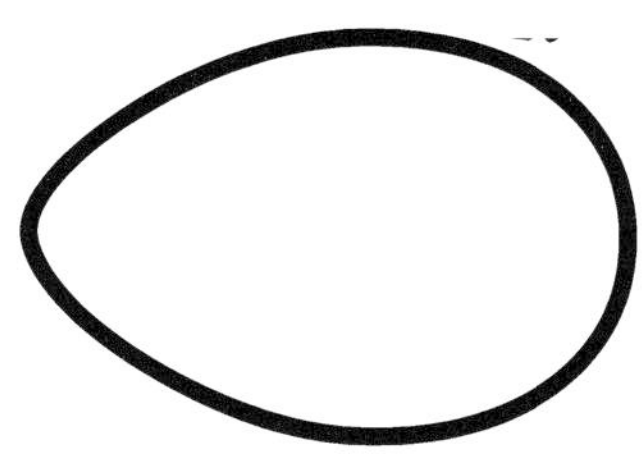

Vorlagen 5a, 5b, 5c auf
125 % vergrößern.

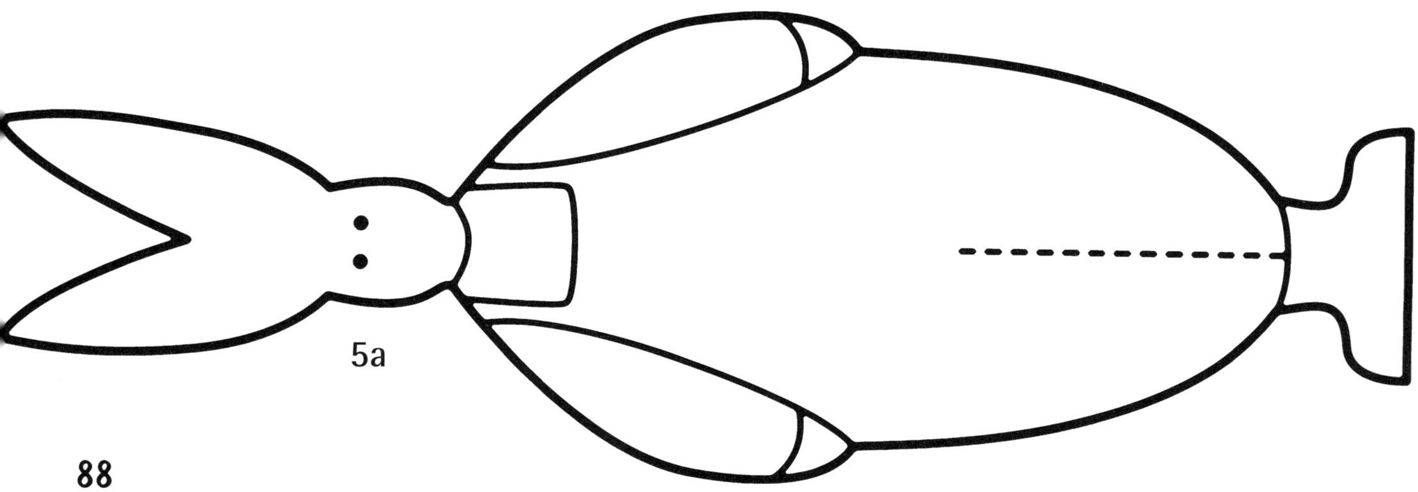

5a

Modell 5
Hasenfamilie

Vorlagen 5d, 5e auf 150 % vergrößern.

5d

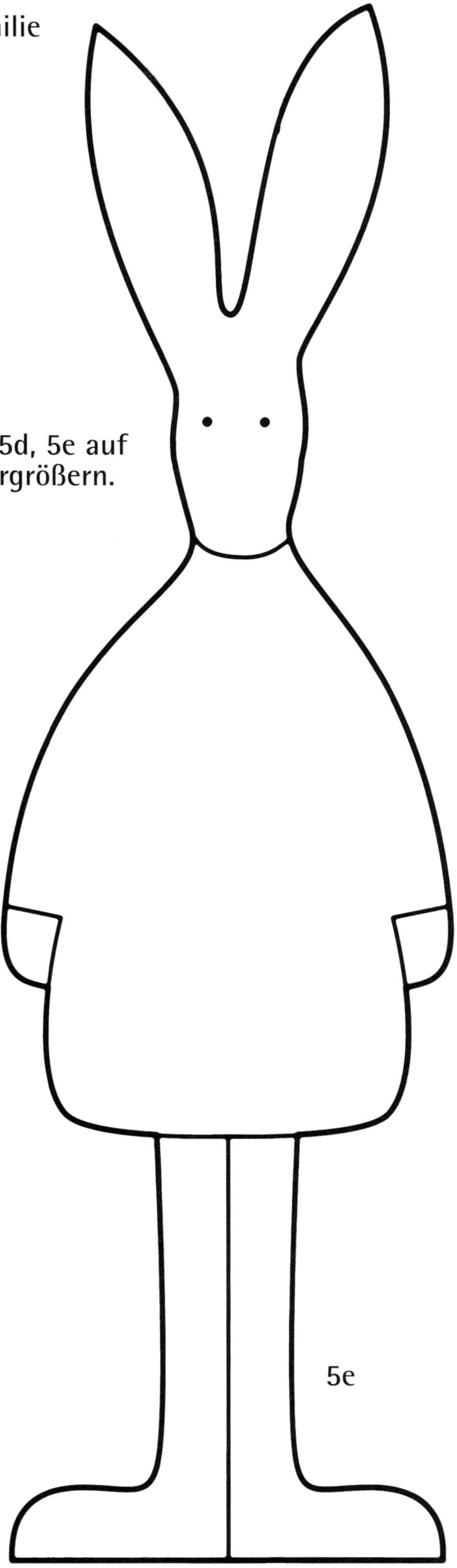

5e

Modelle 6
Wichtel

Modelle 7 + 8
Gans + Maulwurf

Vorlagen 7 + 8 auf 125 % vergrößern.

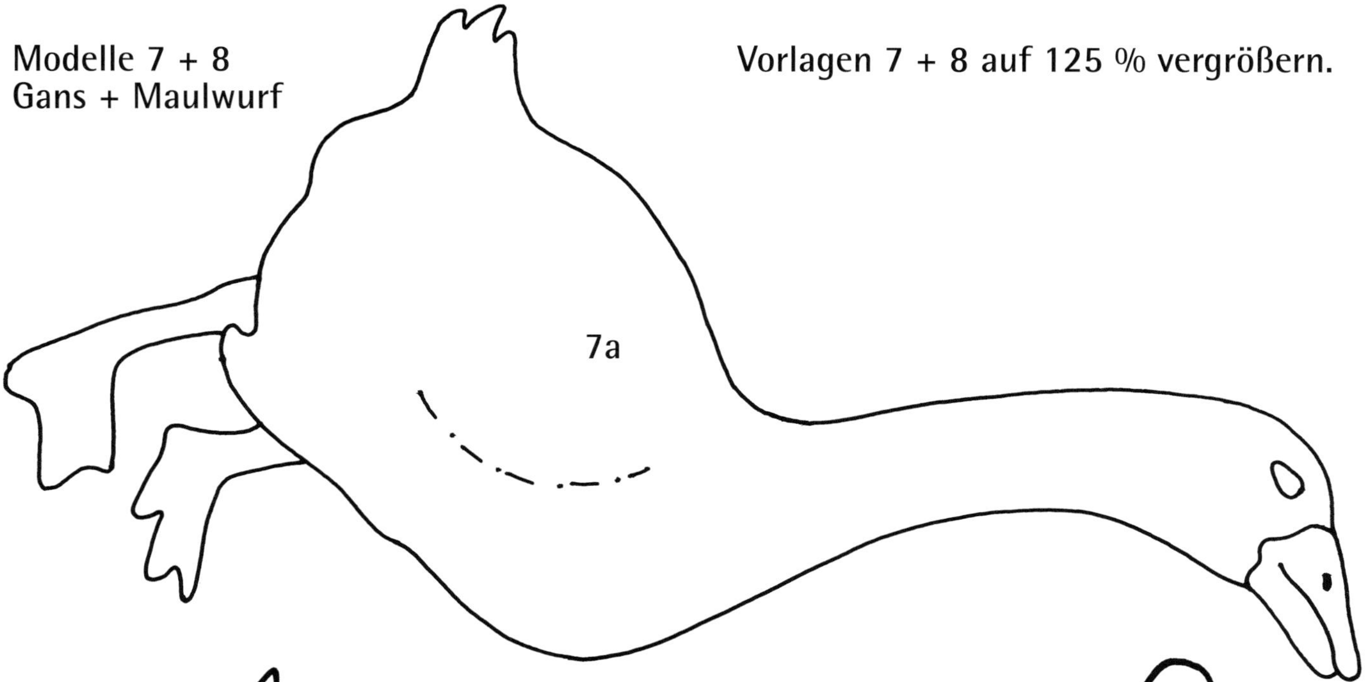

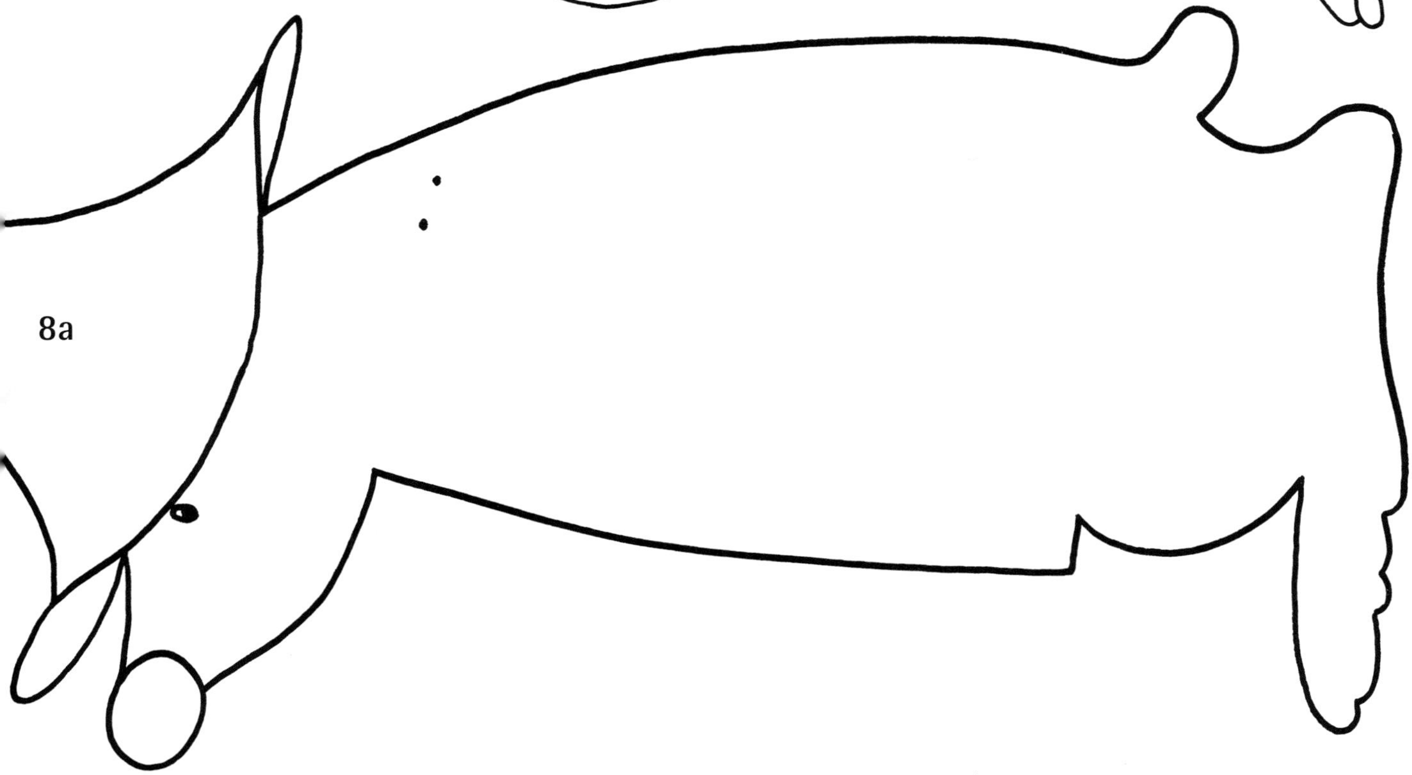

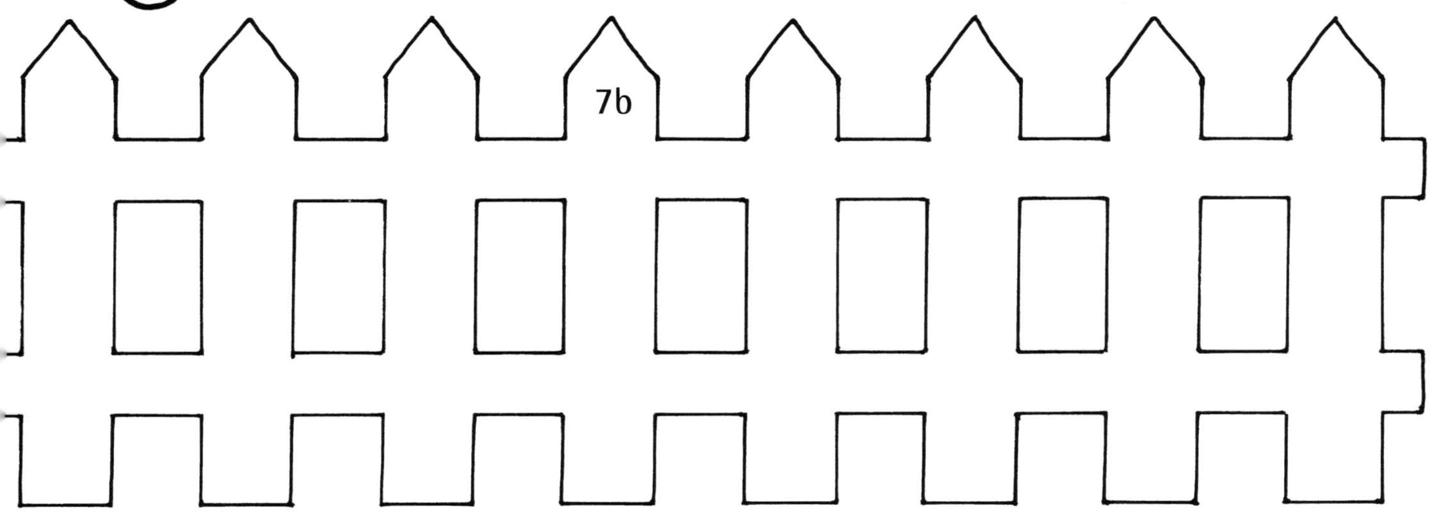

Vorlage auf 110 % vergrößern.

Modell 11
Mädchen mit Herz

Vorlage 11a auf 125 % vergrößern.
Vorlage 11b auf 200% vergrößern.

Modell 12
Lämmchen

Modell 13
Bunter Hahn

Modell 14
Schwein Charlotte

Modell 15
Kuh Elli

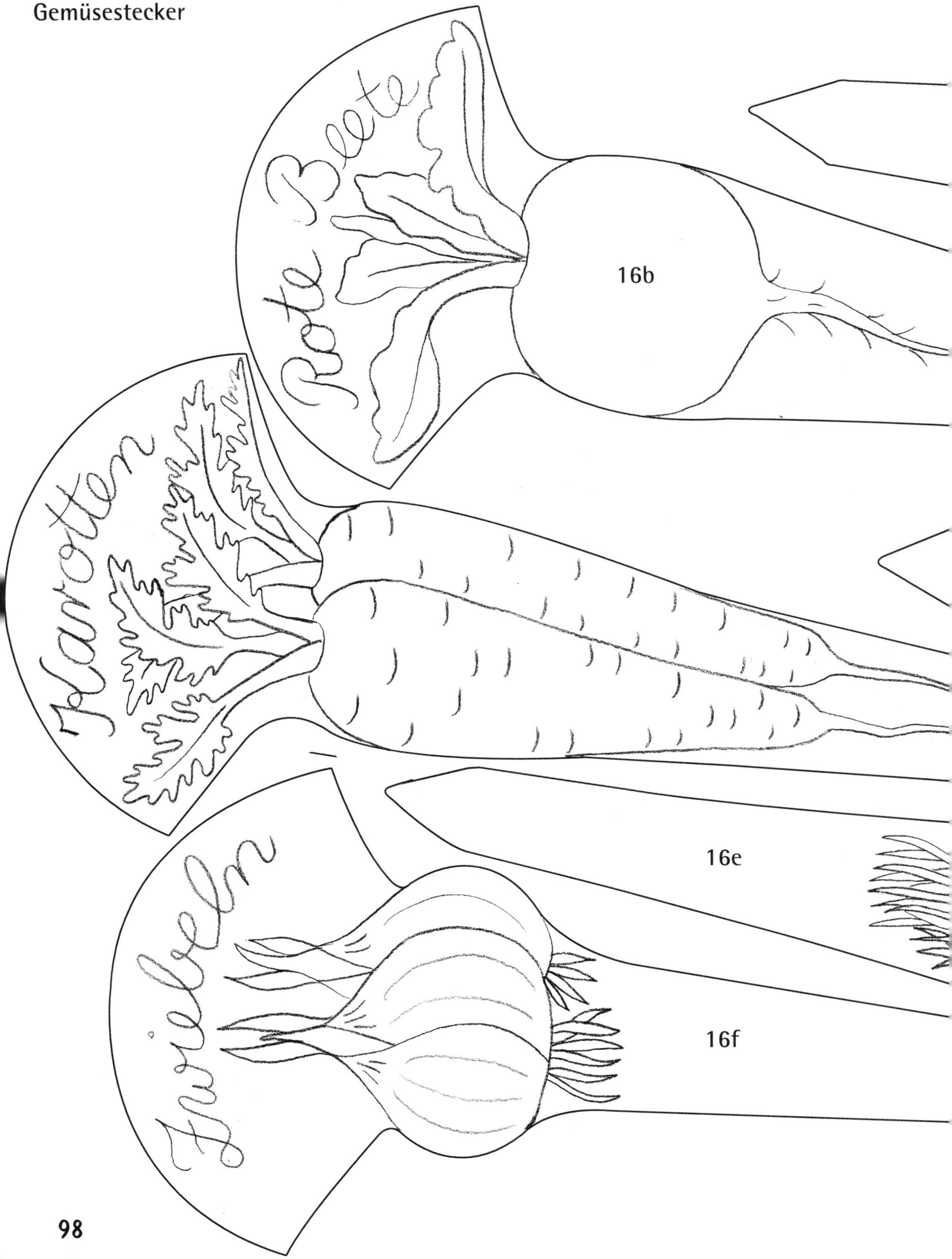
Rote Beete
16b
Karotten
Zwiebeln
16e
16f

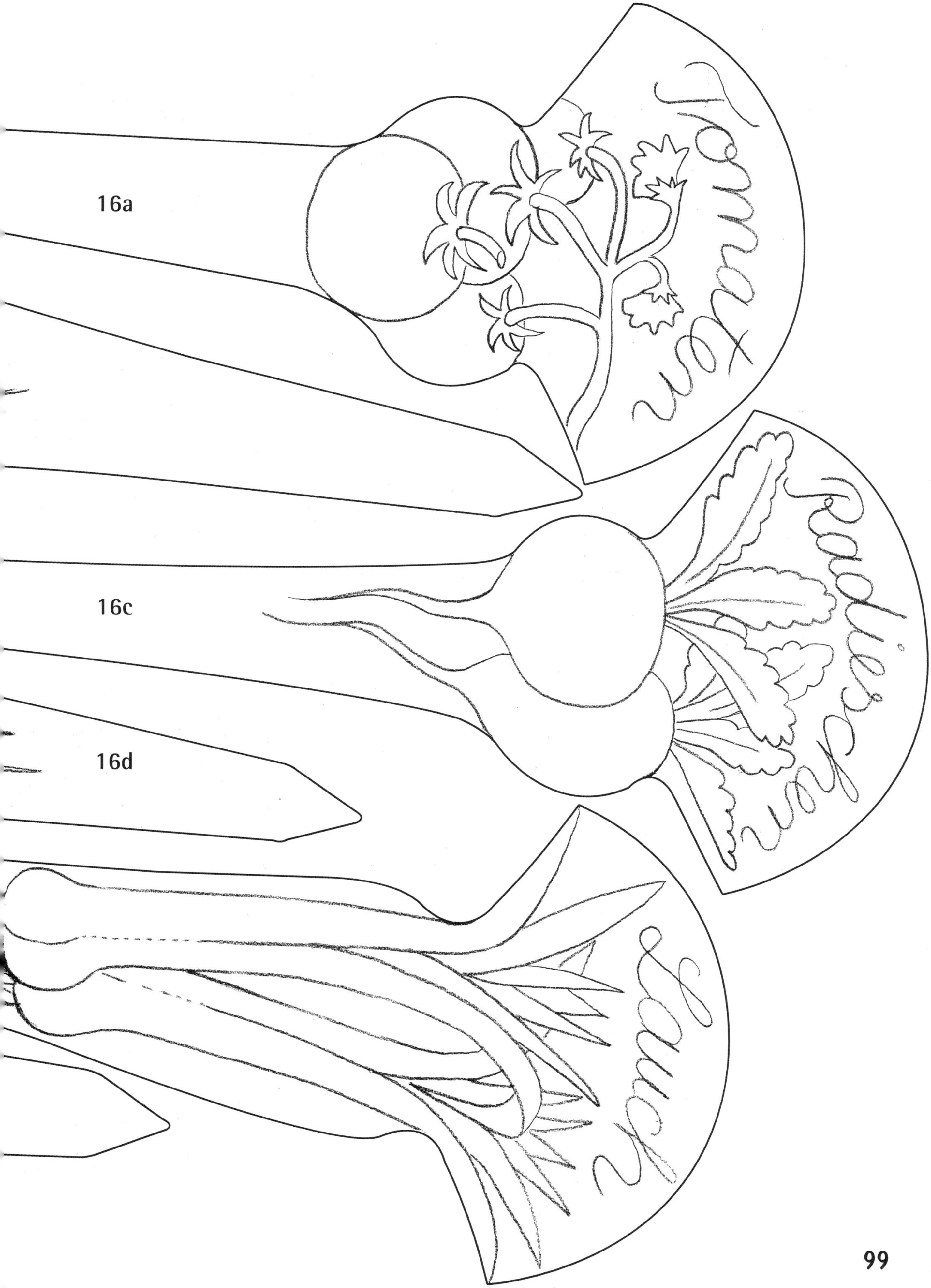
16a
16c
16d
Tomaten
Radieschen

Modell 17
Gärtner

Vorlage 17 auf 200 % vergrößern.

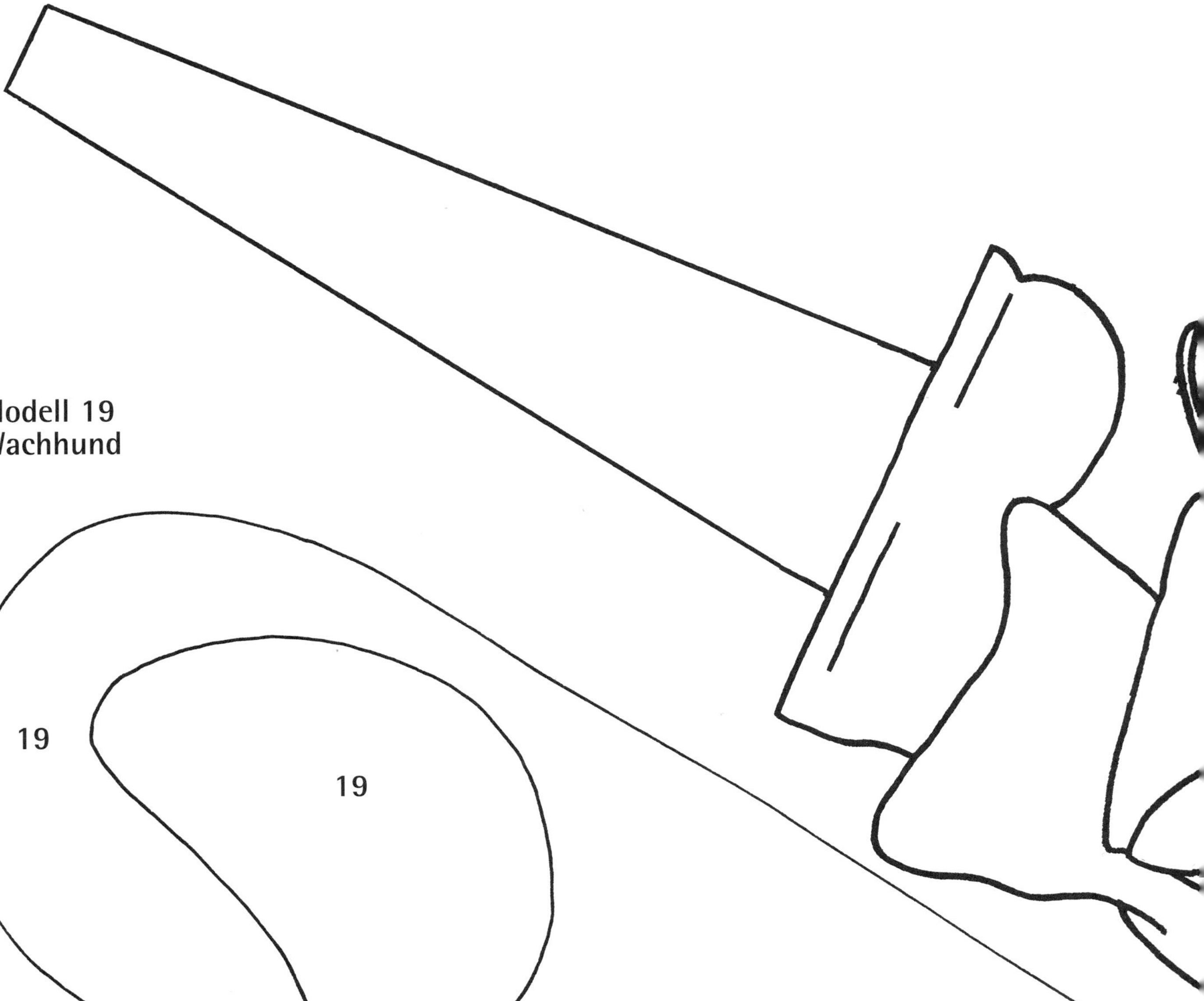

Modell 19
Wachhund

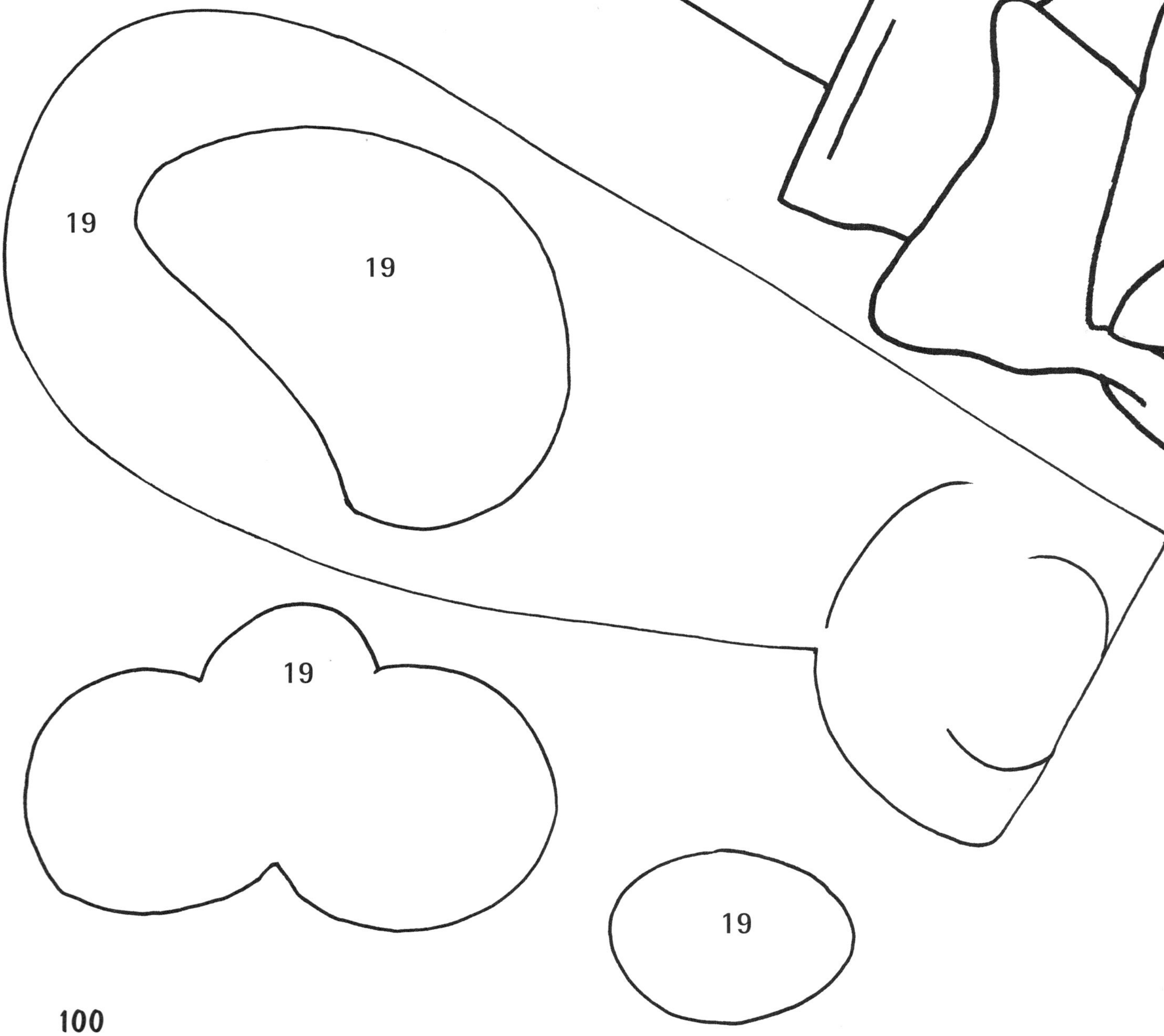

19
17
19

Modell 18
Katze und Maus

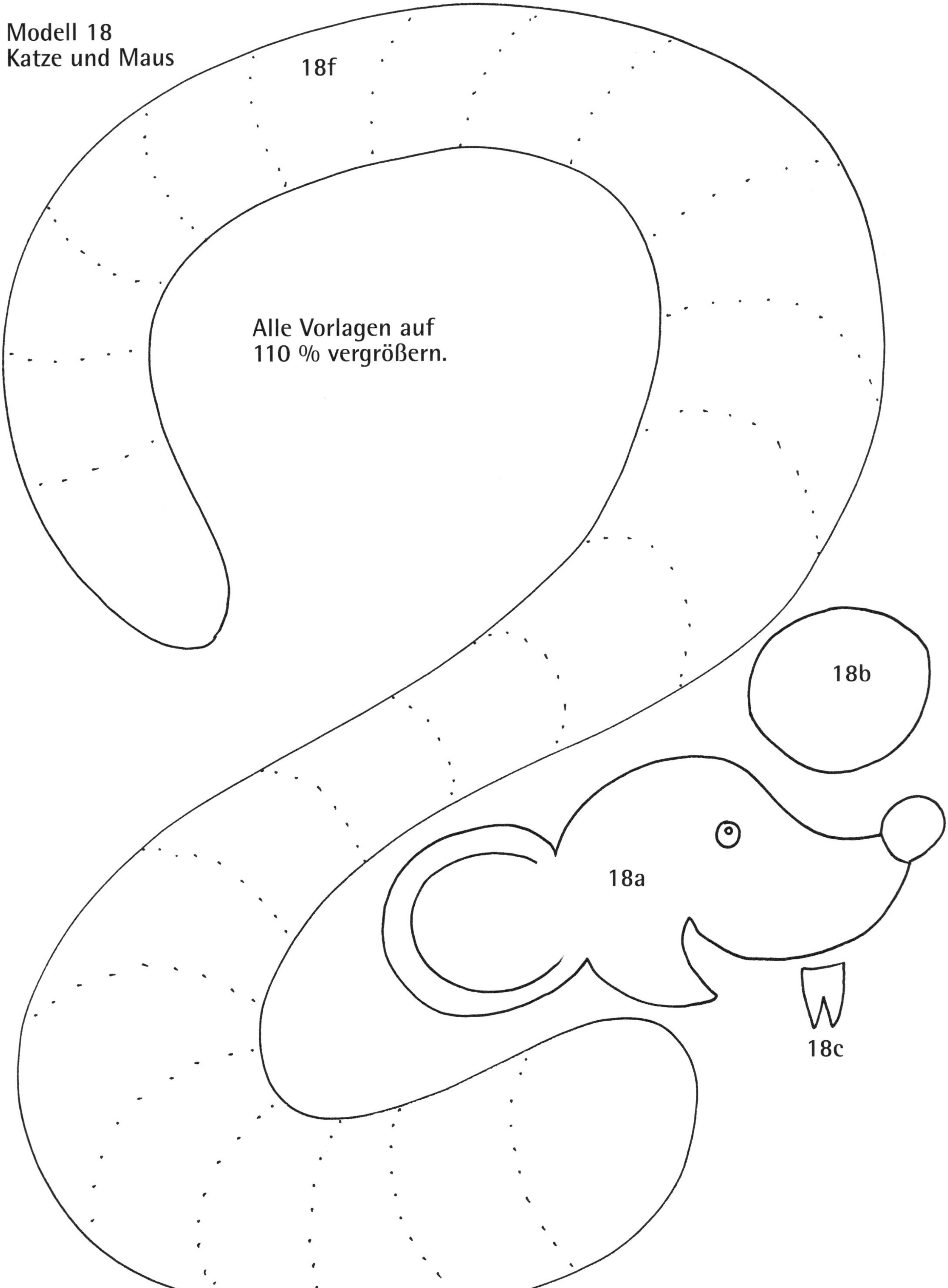

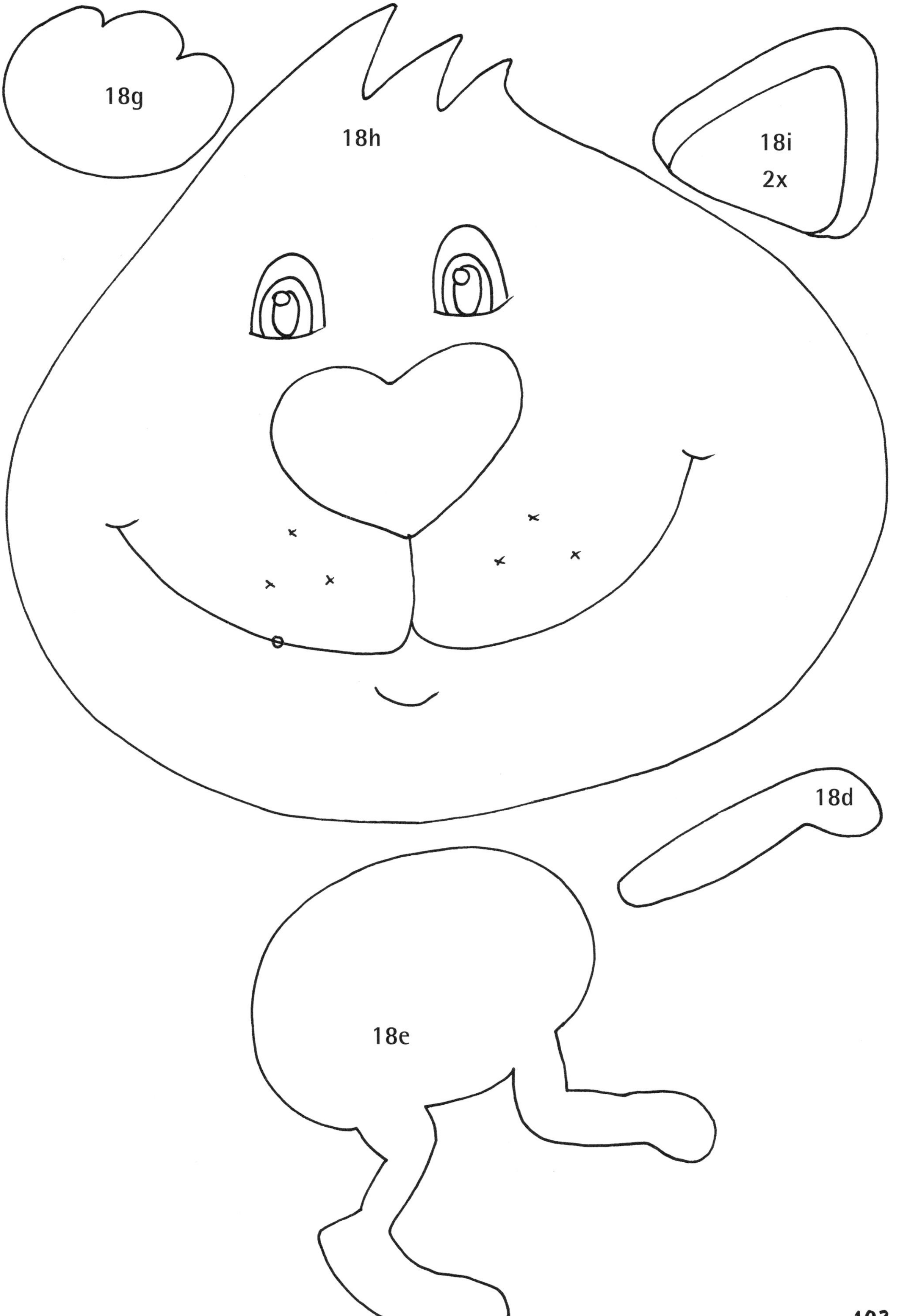
18g
18h
18i
2x
18d
18e

Modell 20
Tassen immer griffbereit

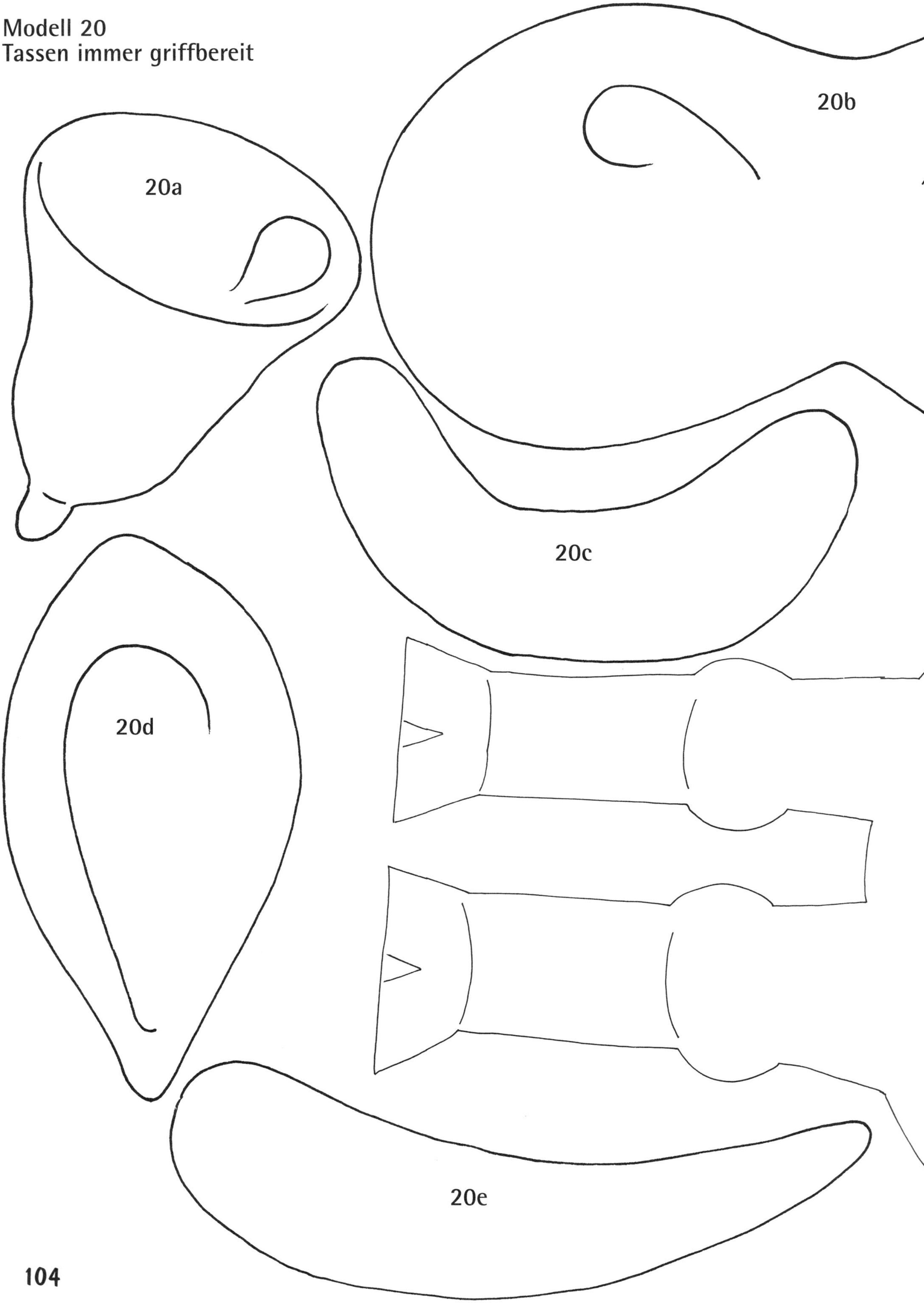

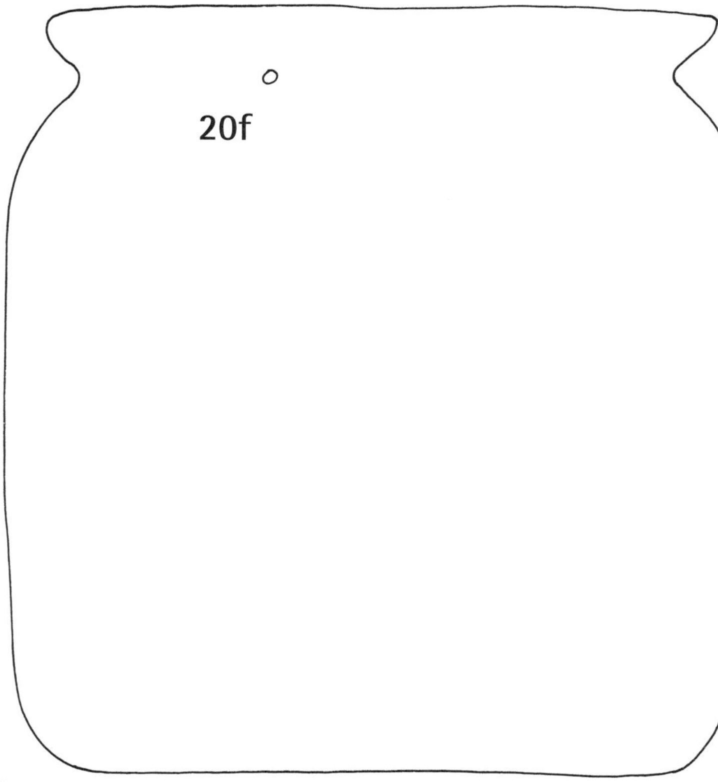

Vorlagen 20f, 20h auf 200 % vergrößern.

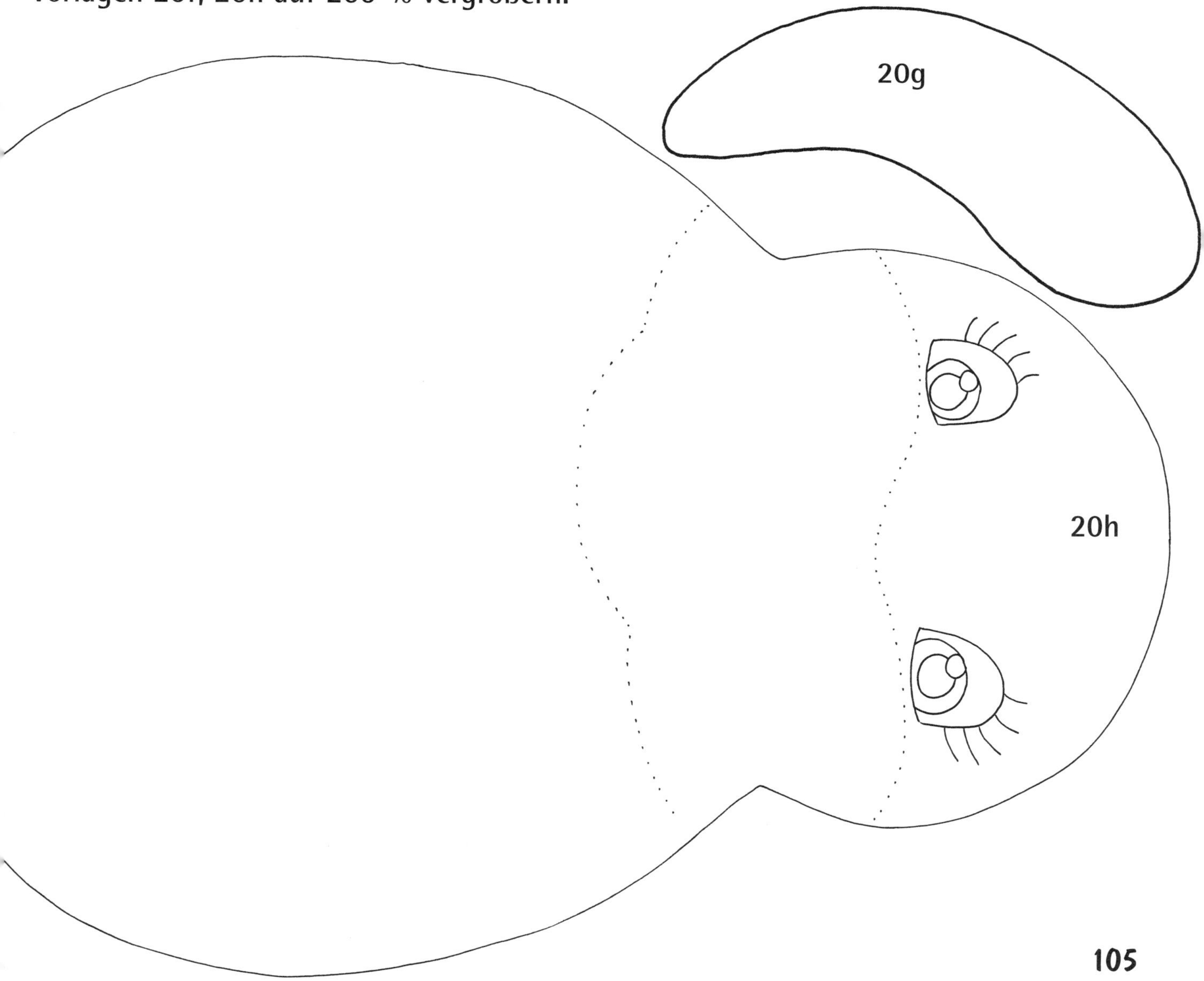

Modell 21
Papagei

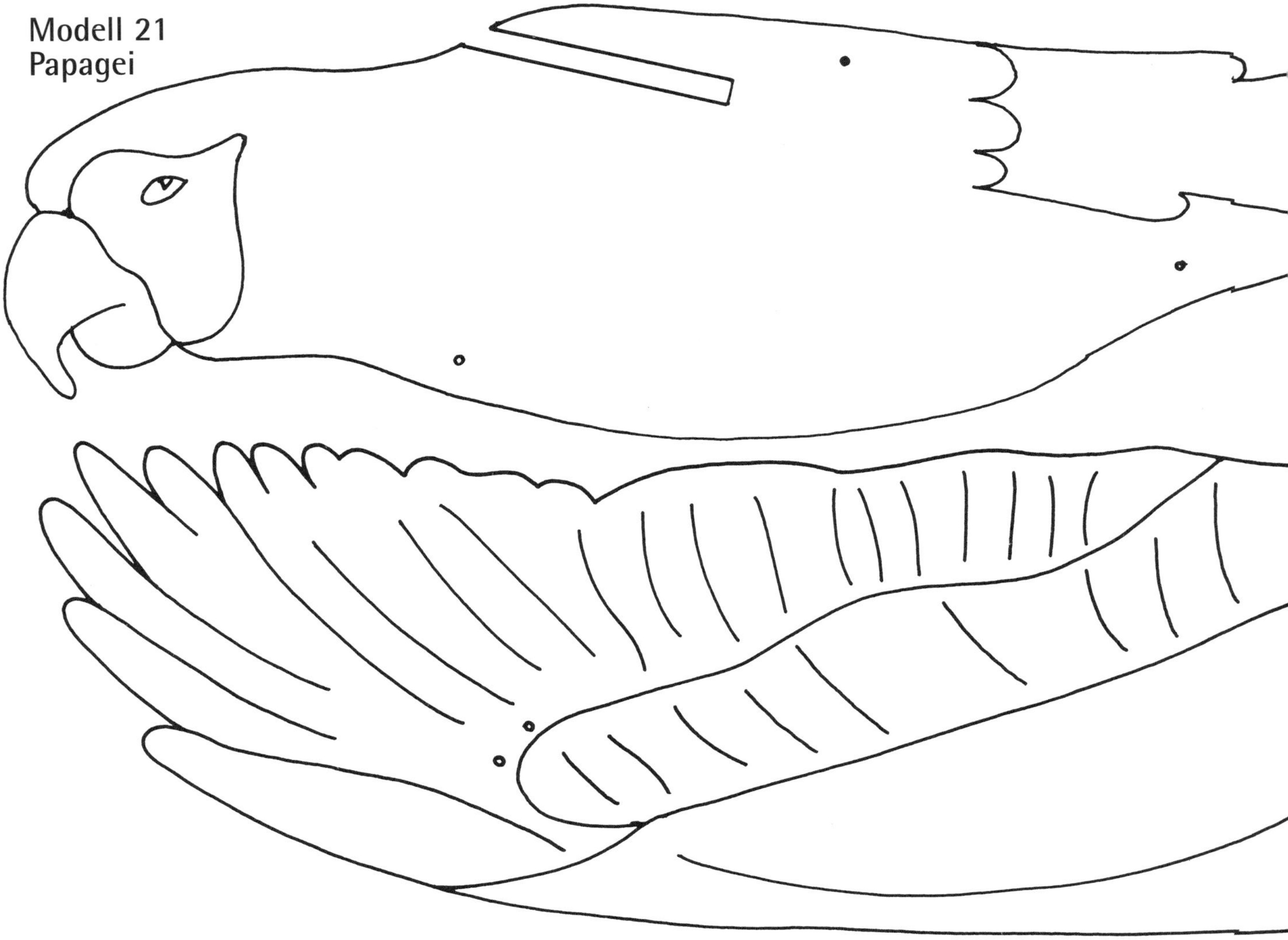

Modell 25
Frosch

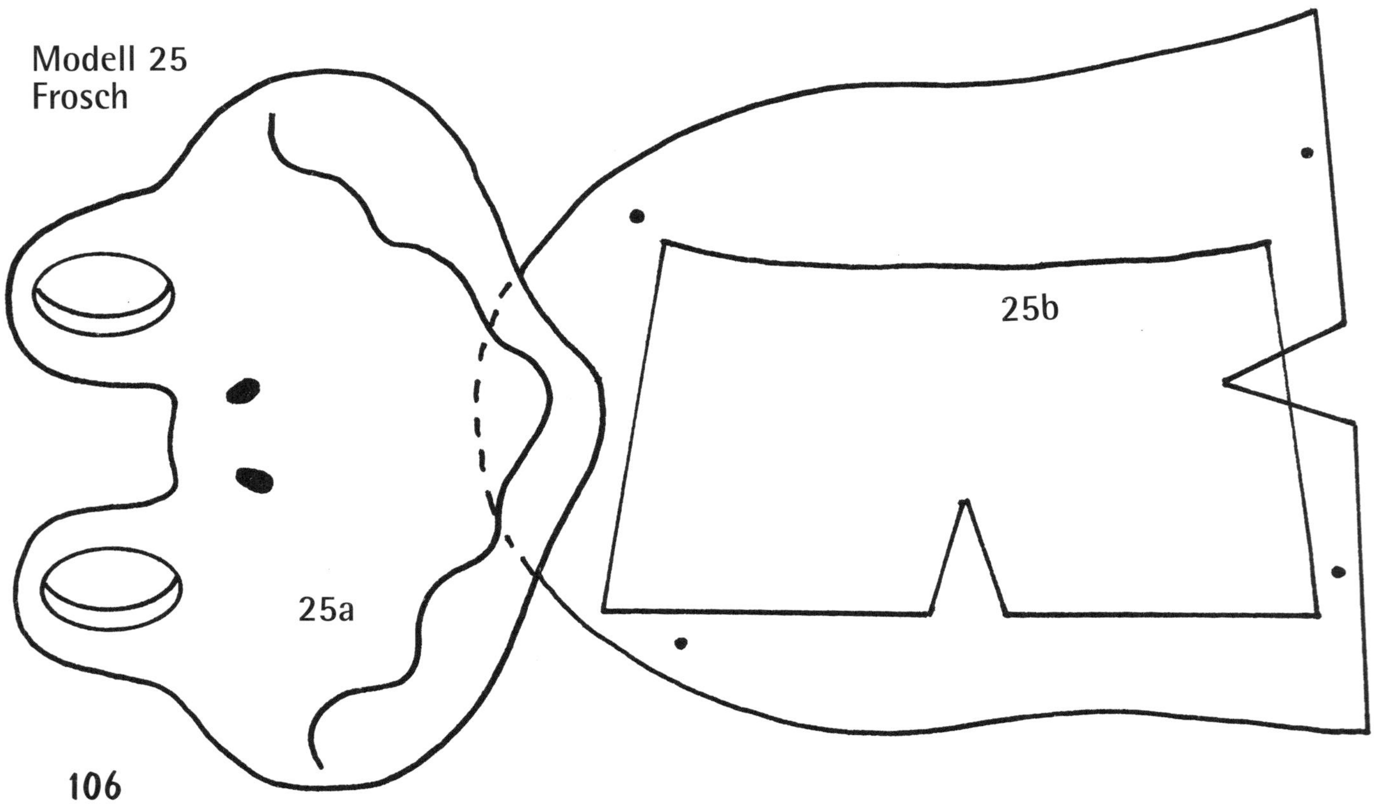

Vorlagen 21a, 21b auf 110 % vergrößern.

21a

21b

Modell 22
Frösche

Vorlage 22 auf
140 % vergrößern.

22

Modelle 23
Garderobe

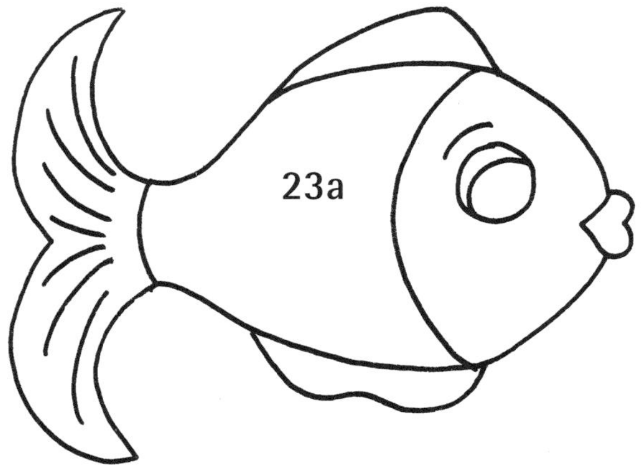

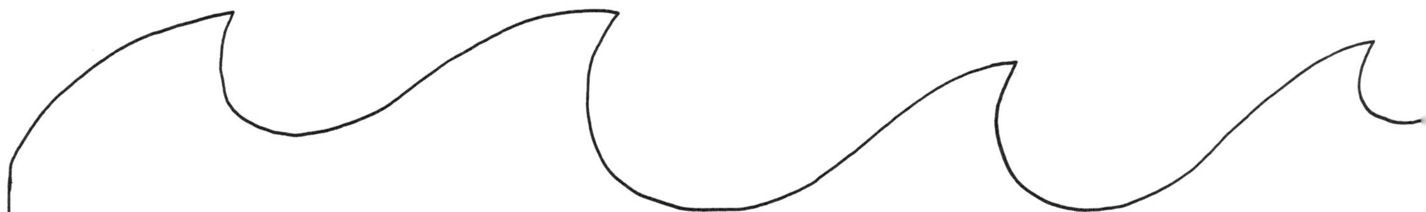

Vorlage 23e auf 150 % vergrößern.

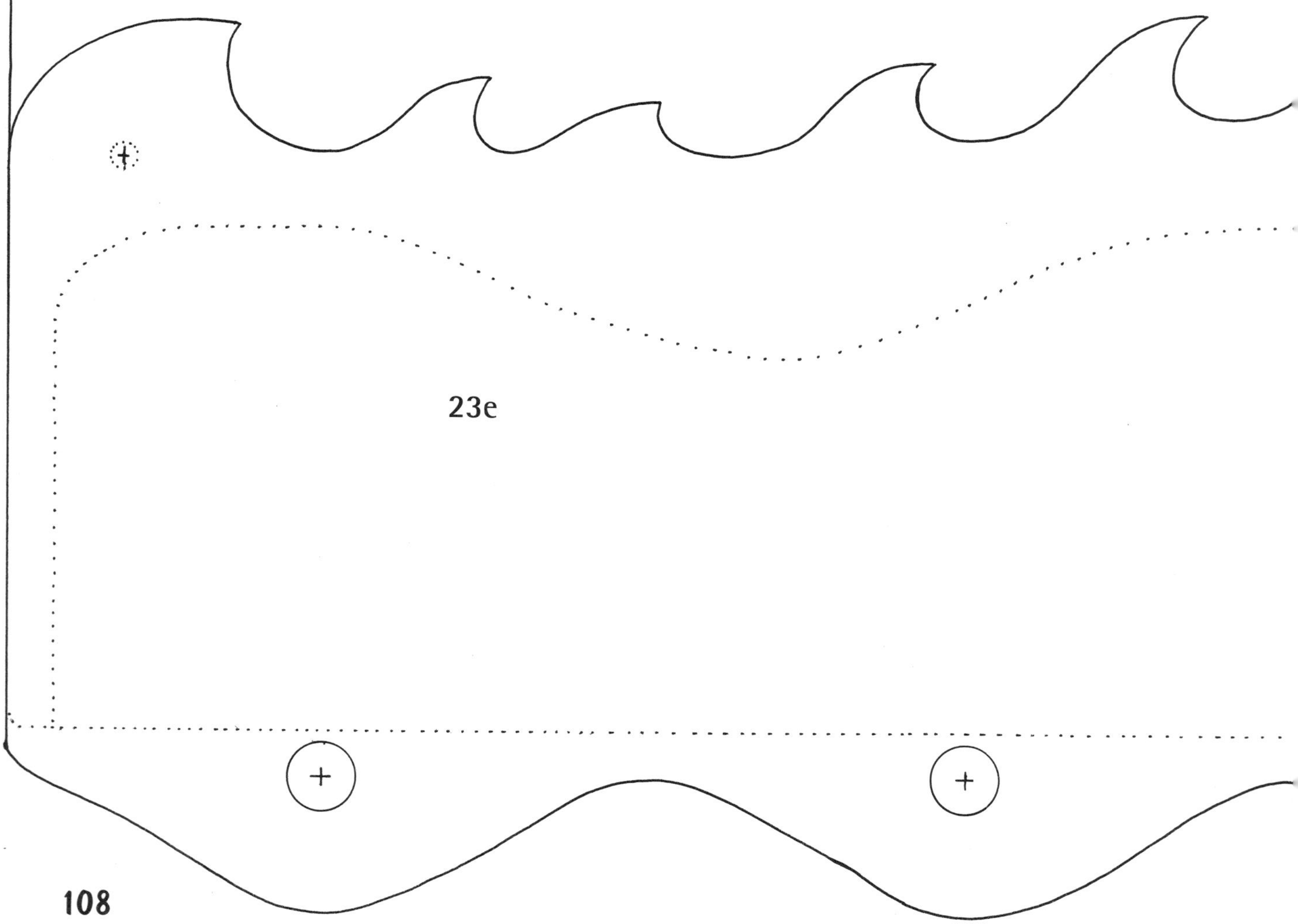

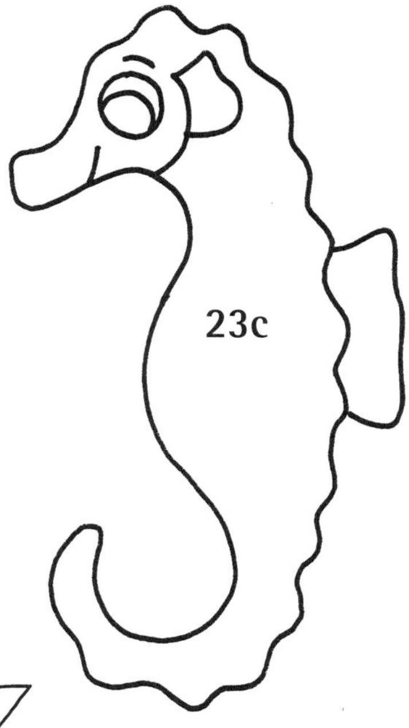
23c

23d

Modell 24
Ziehpferd

Modell 23
Garderobe

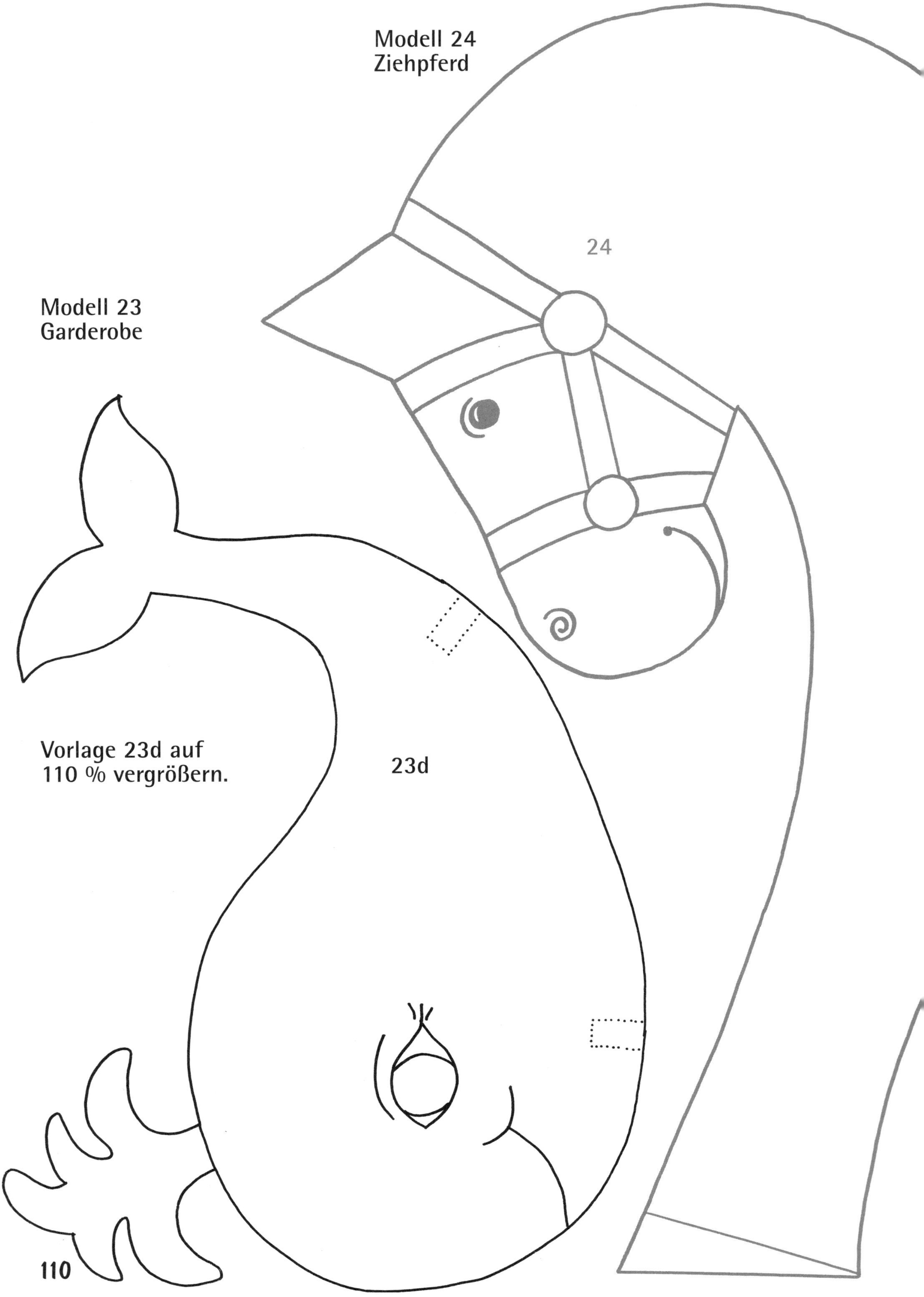

Vorlage 23d auf
110 % vergrößern.

Vorlage 24 auf 150 % vergrößern.

Modell 26
Bilderrahmen

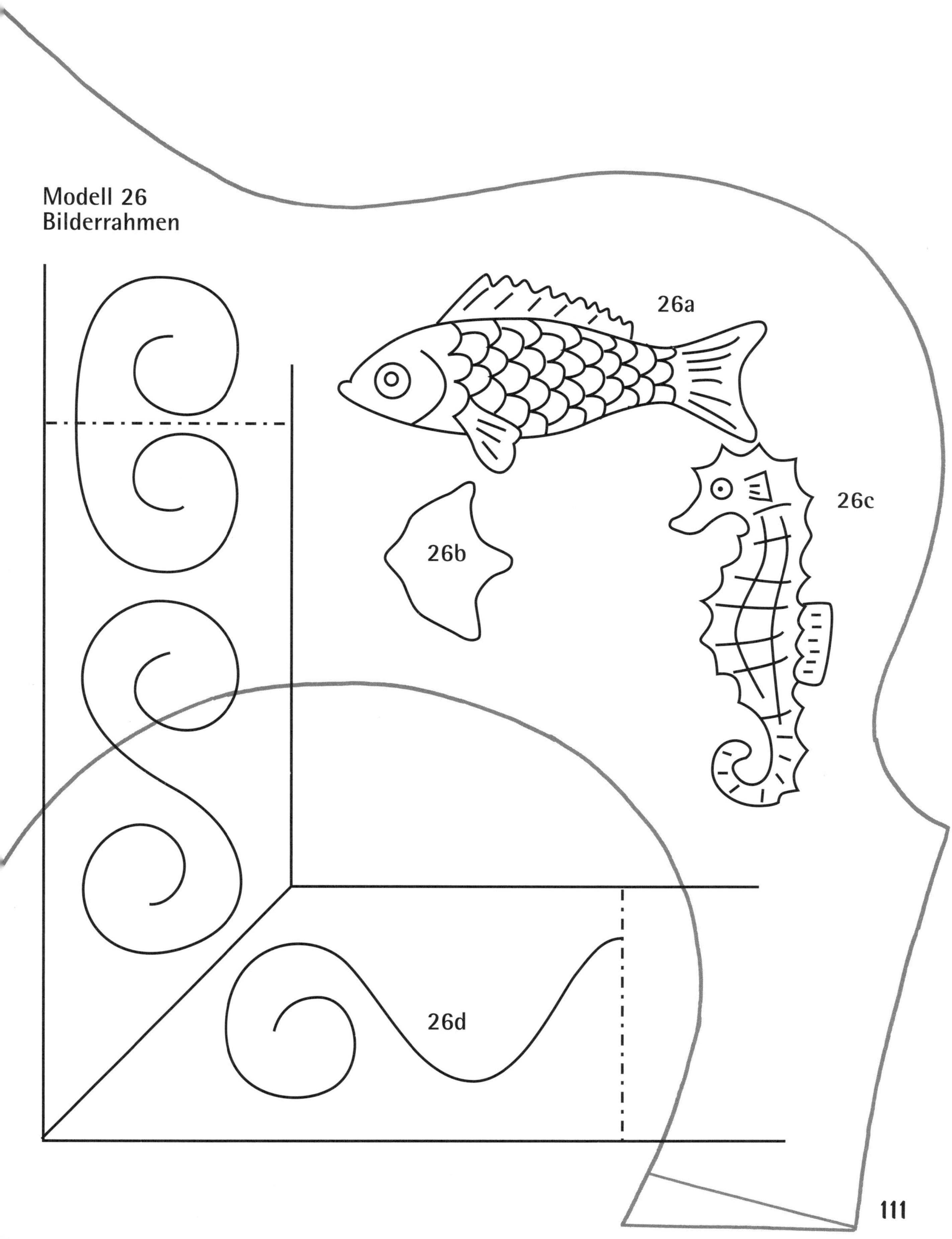

Modell 27
Serviettenhalter

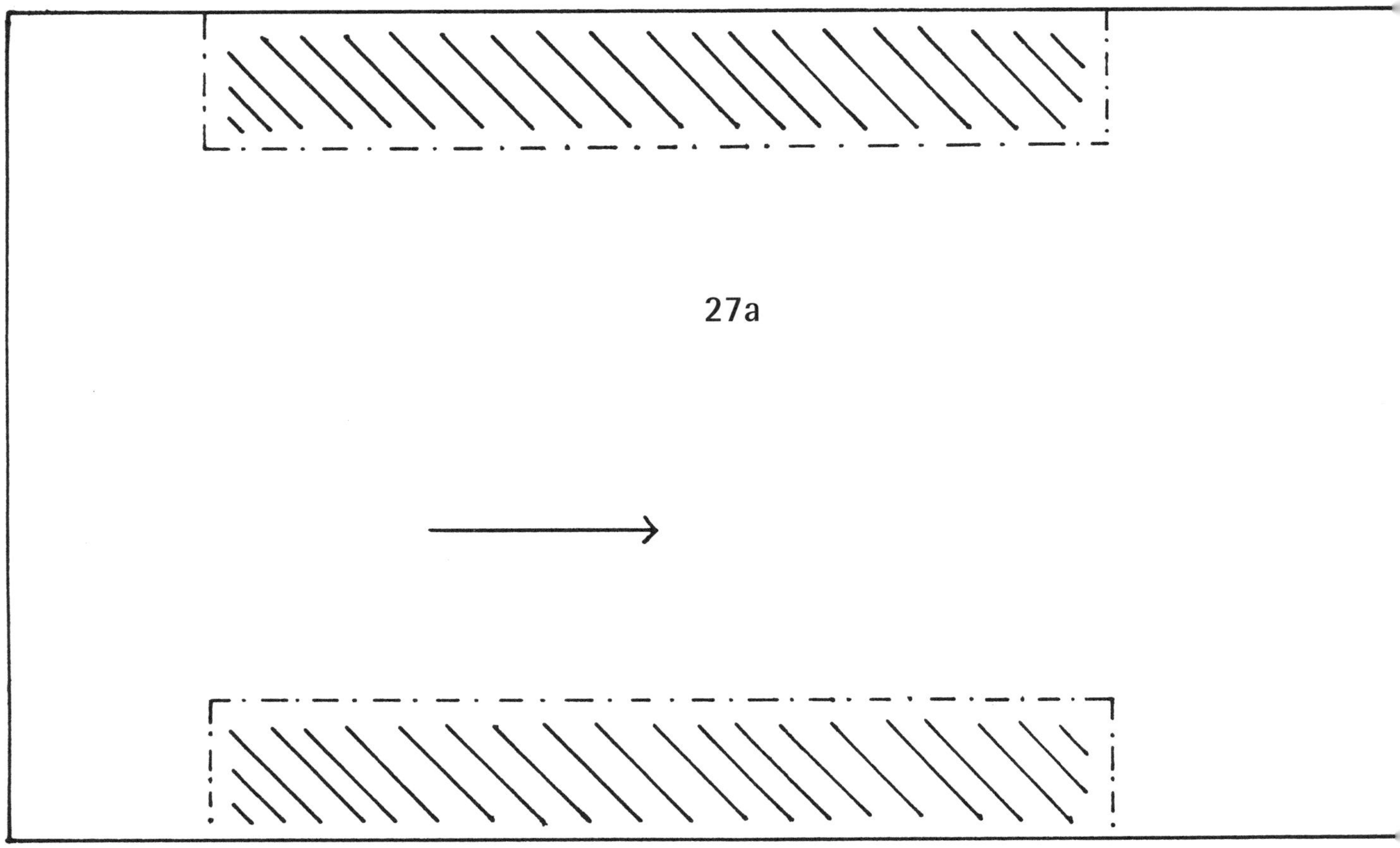

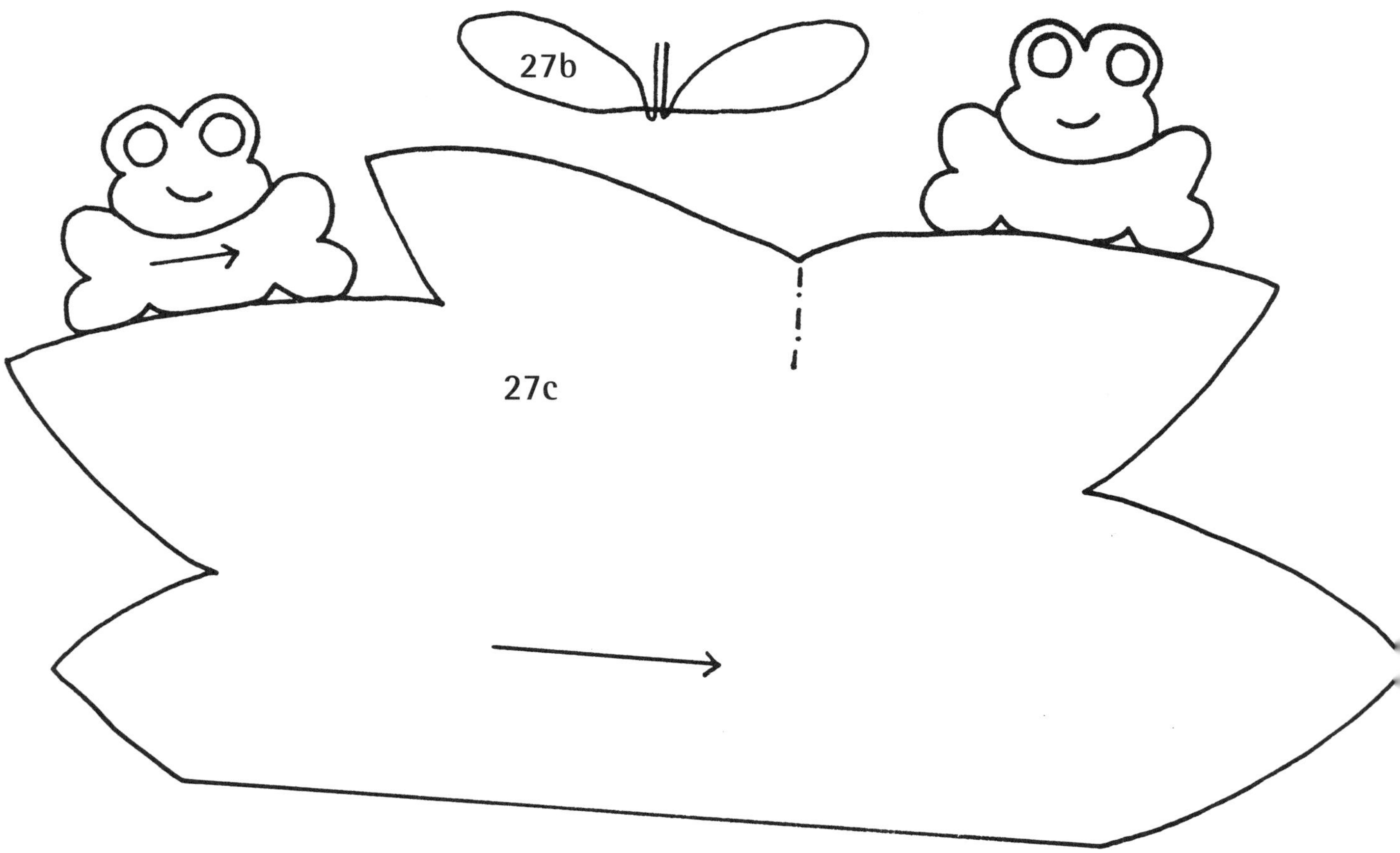

Modell 28
Blütenpressen

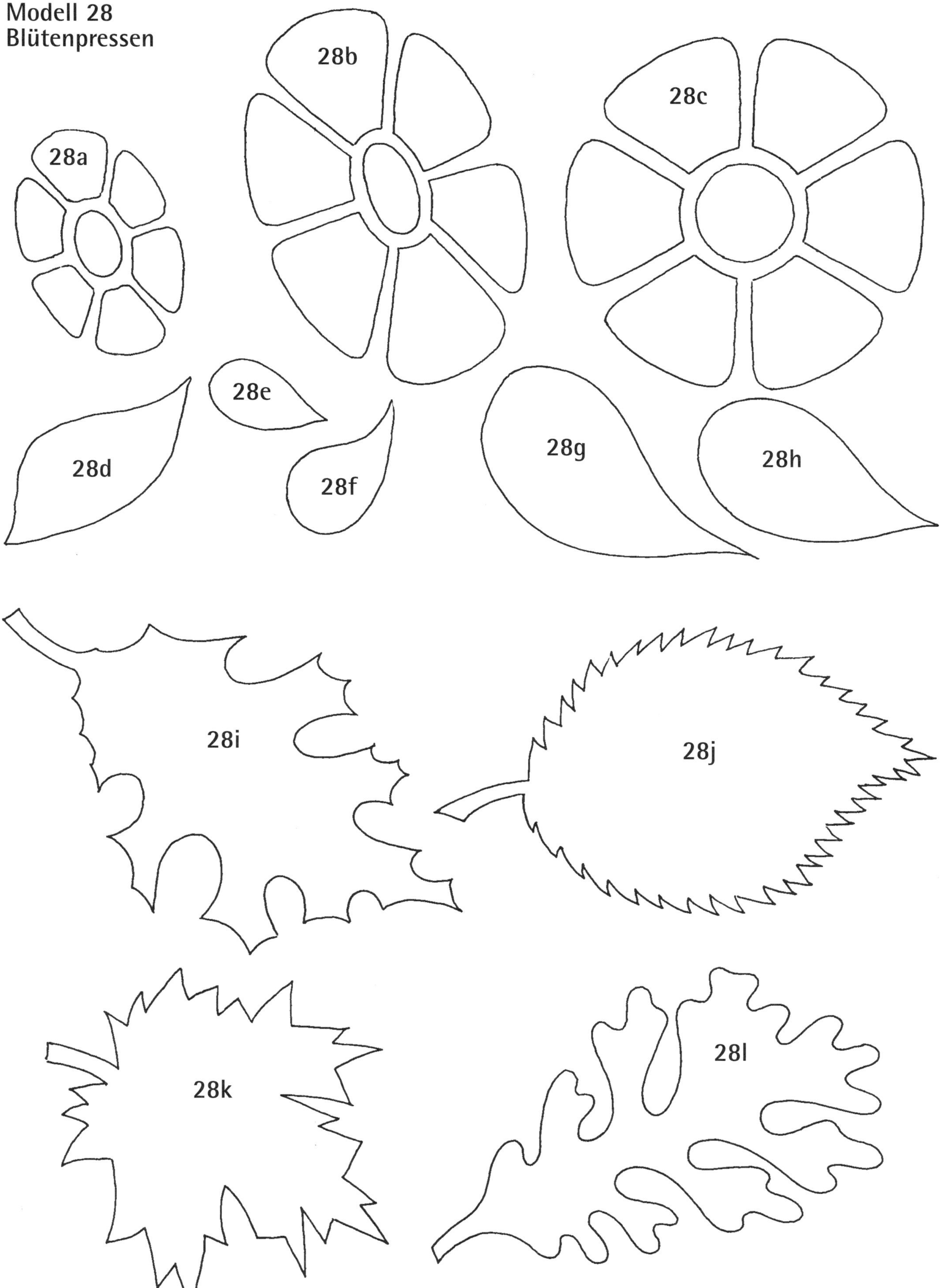

Modell 29
Holzapfel-Spieß

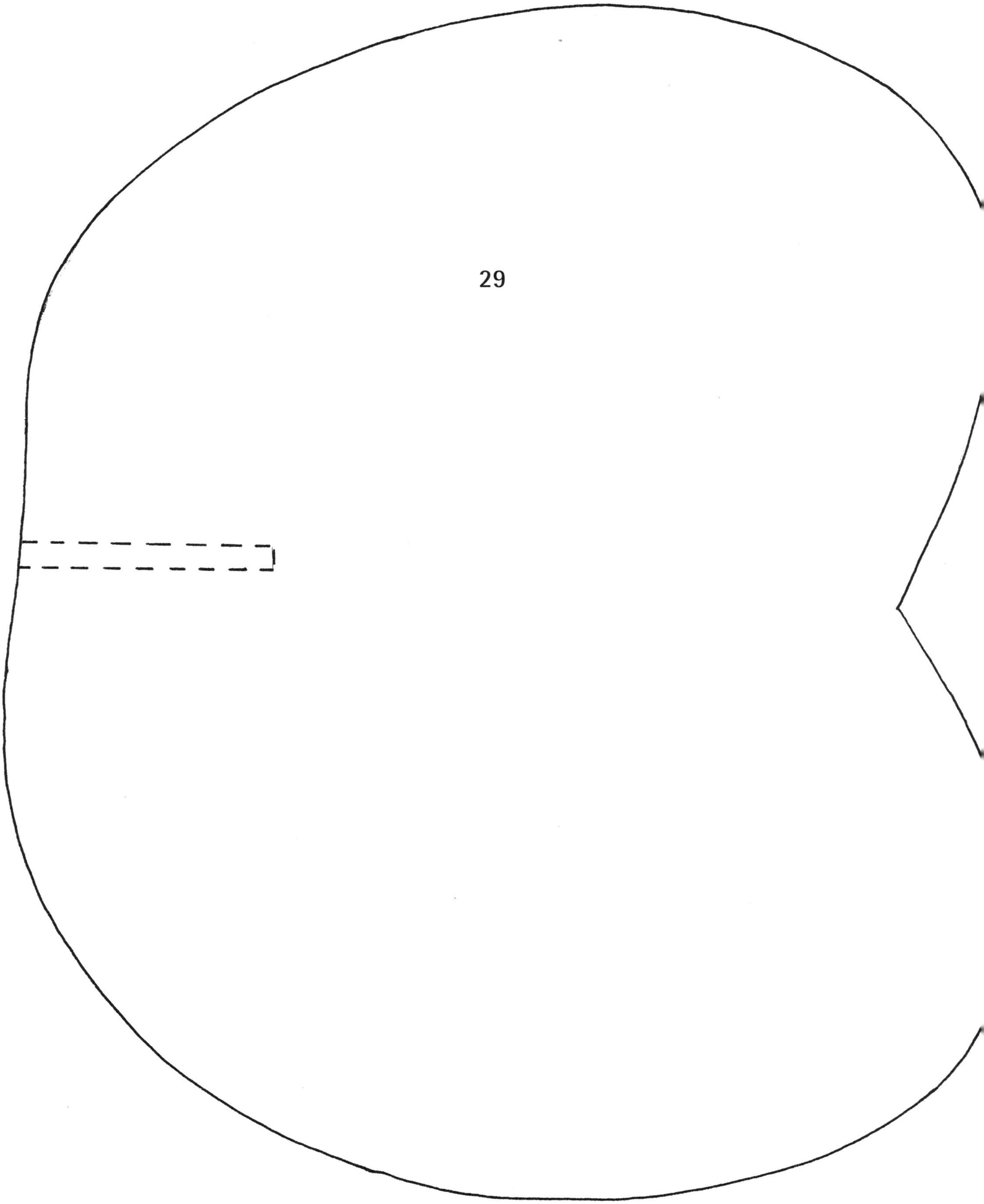

Modell 30
Apfelkorb

Vorlage auf 110 %
vergrößern.

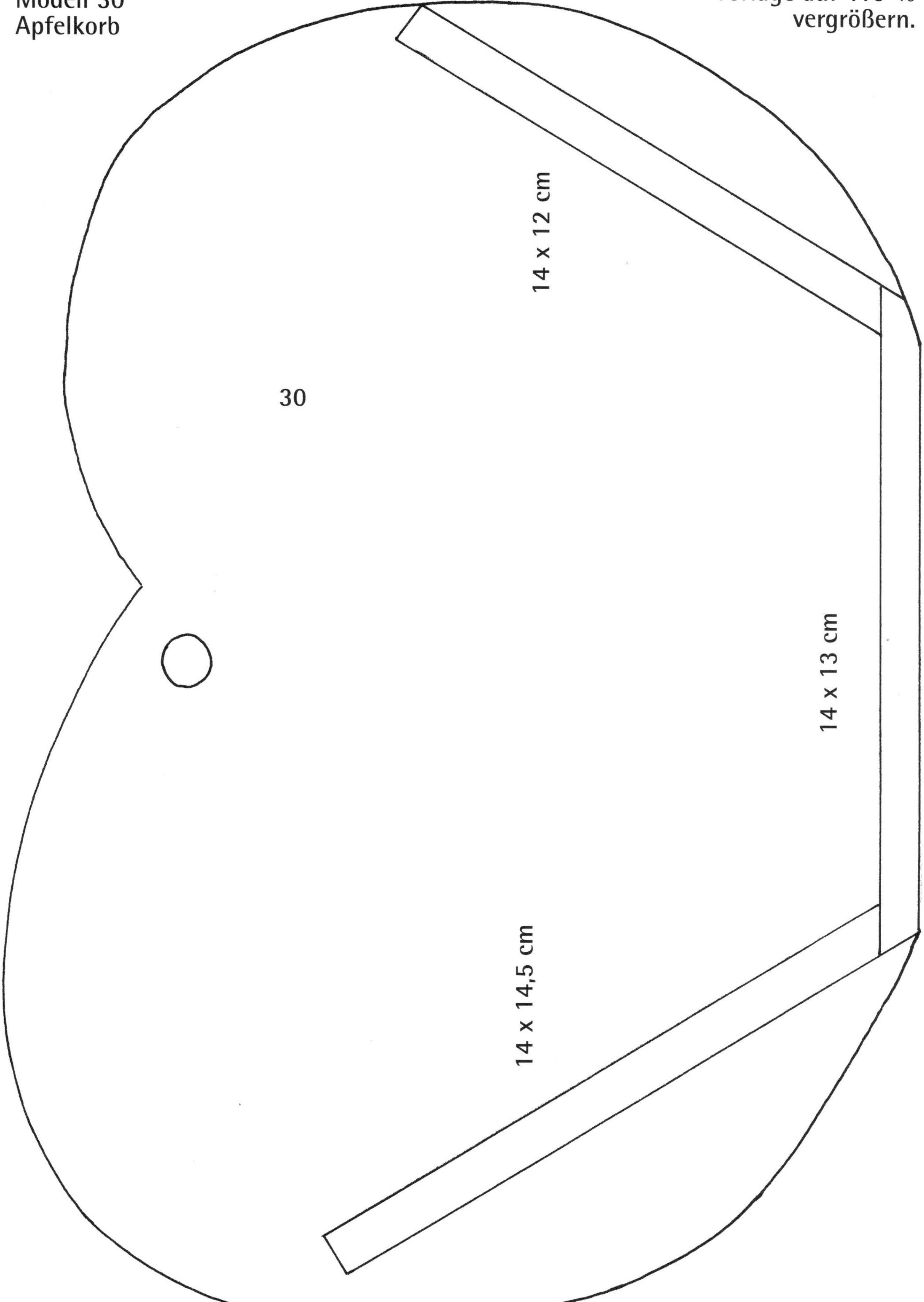

Modell 31
Welcome-Pferd

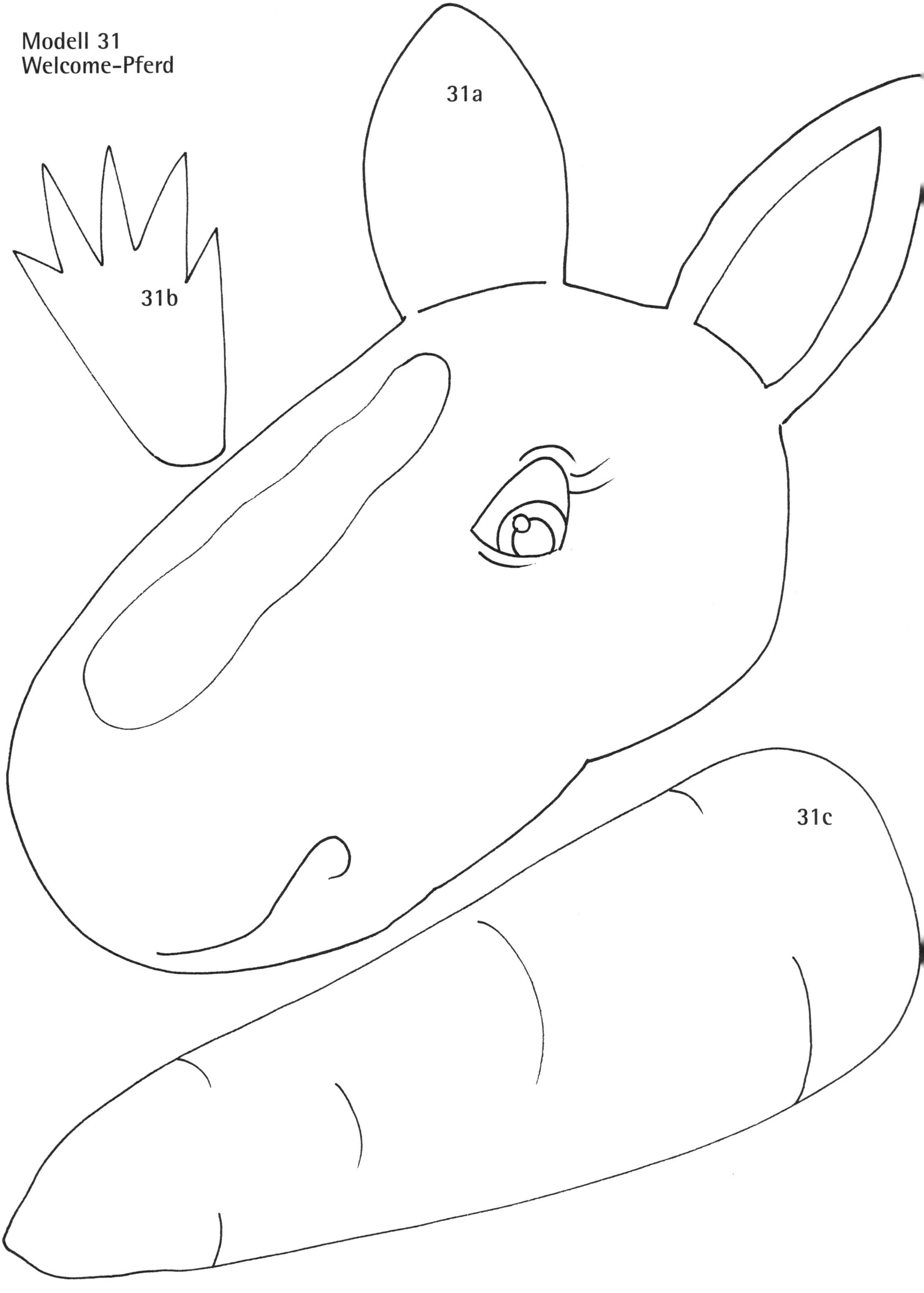

Modell 32
Lattenmann

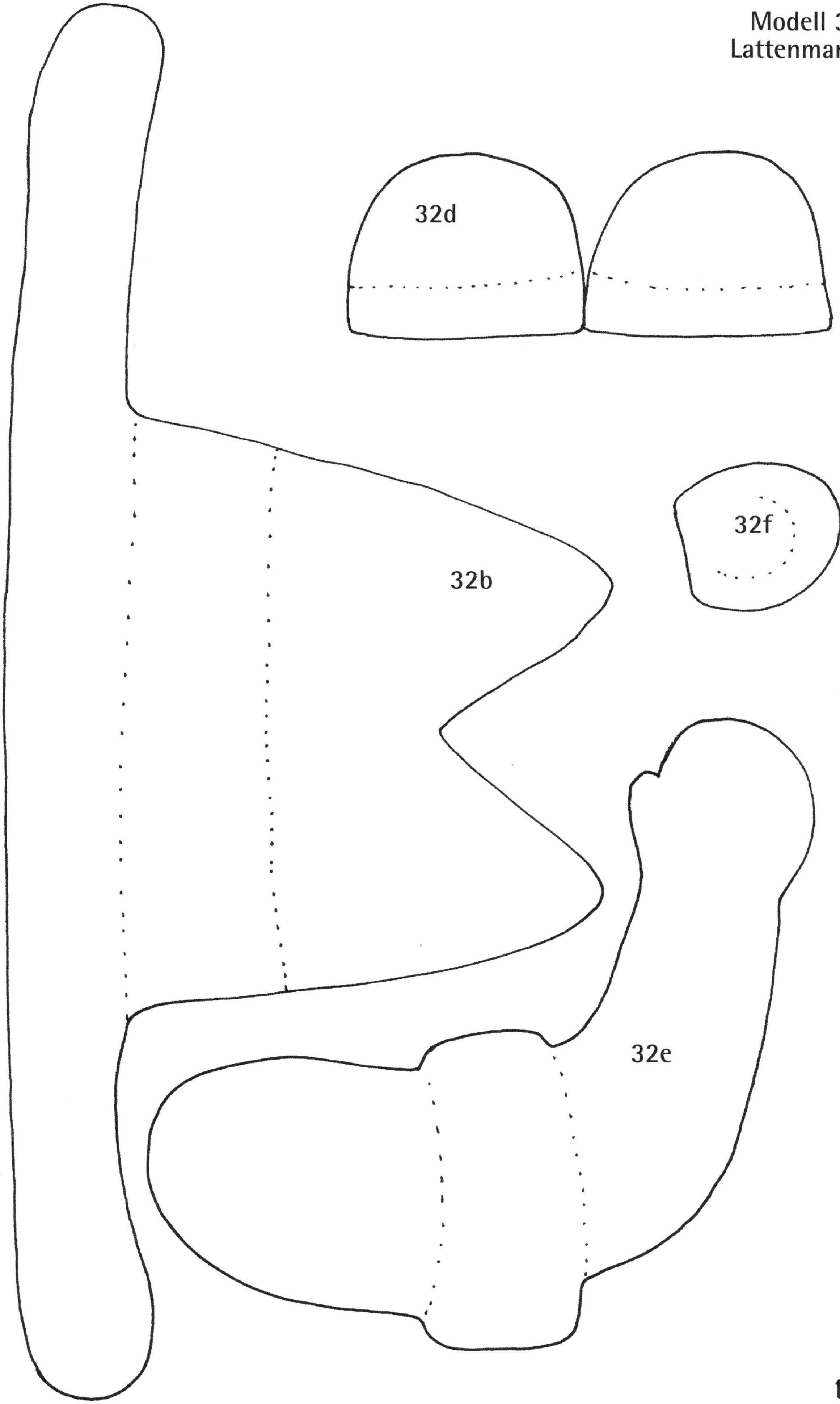

Modell 33
Lattenfrau

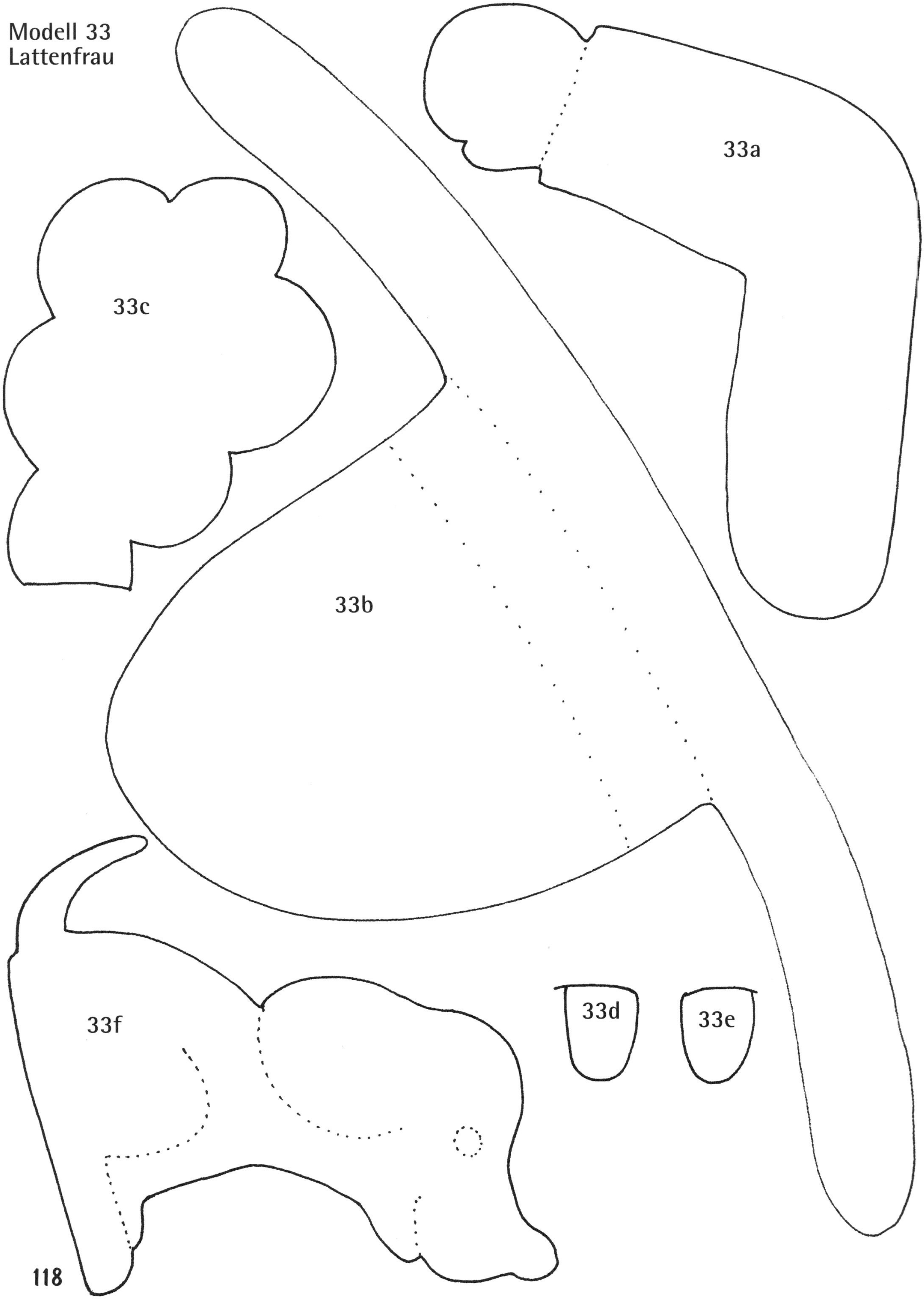

Modell 34
Hexentanz

Vorlagen auf 150 % vergrößern.

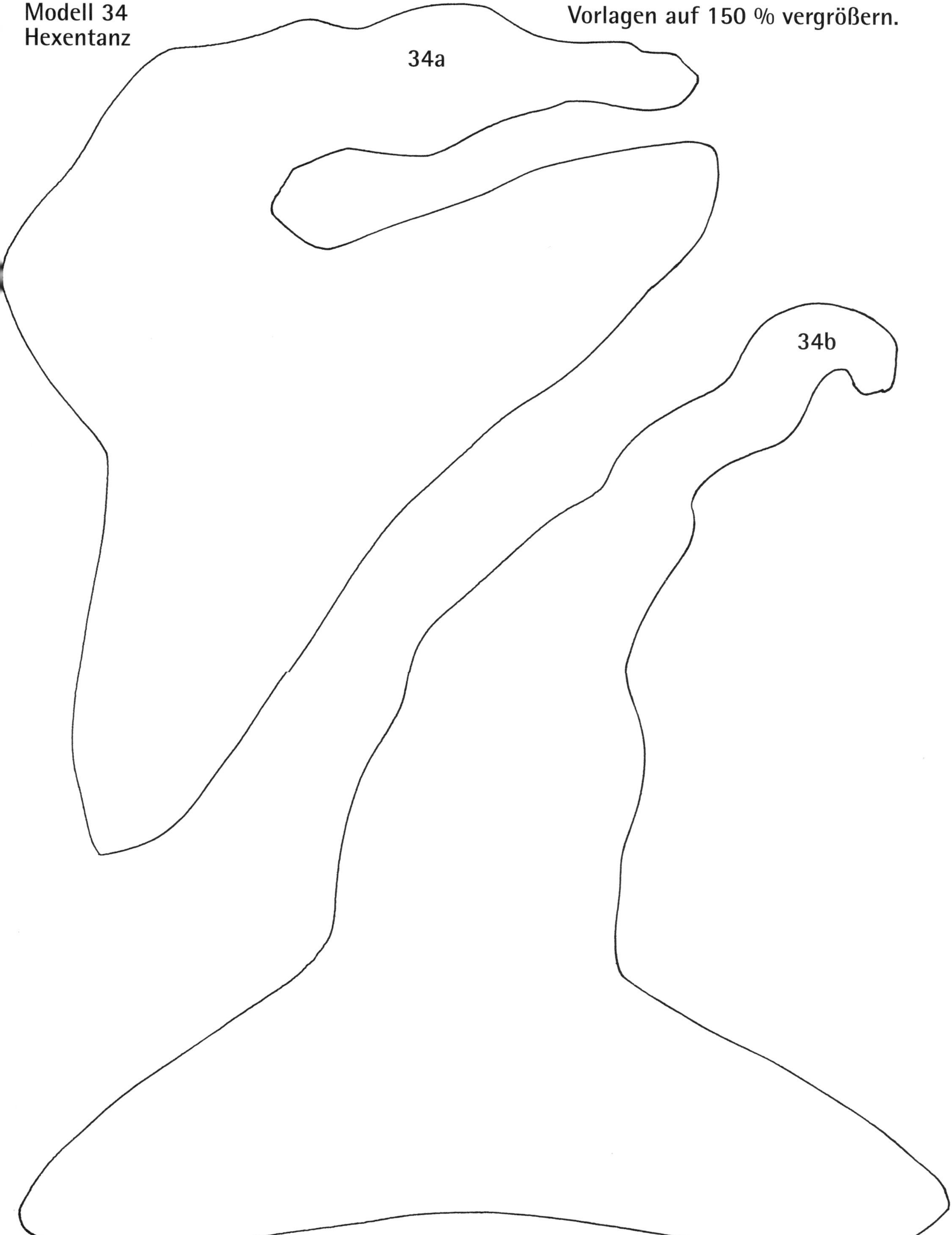

Modell 35
Hexe mit Katze

Vorlage 35a auf 200 % vergrößern.

Vorlage 35b, 35c auf
140 % vergrößern.

Modell 36
Raben

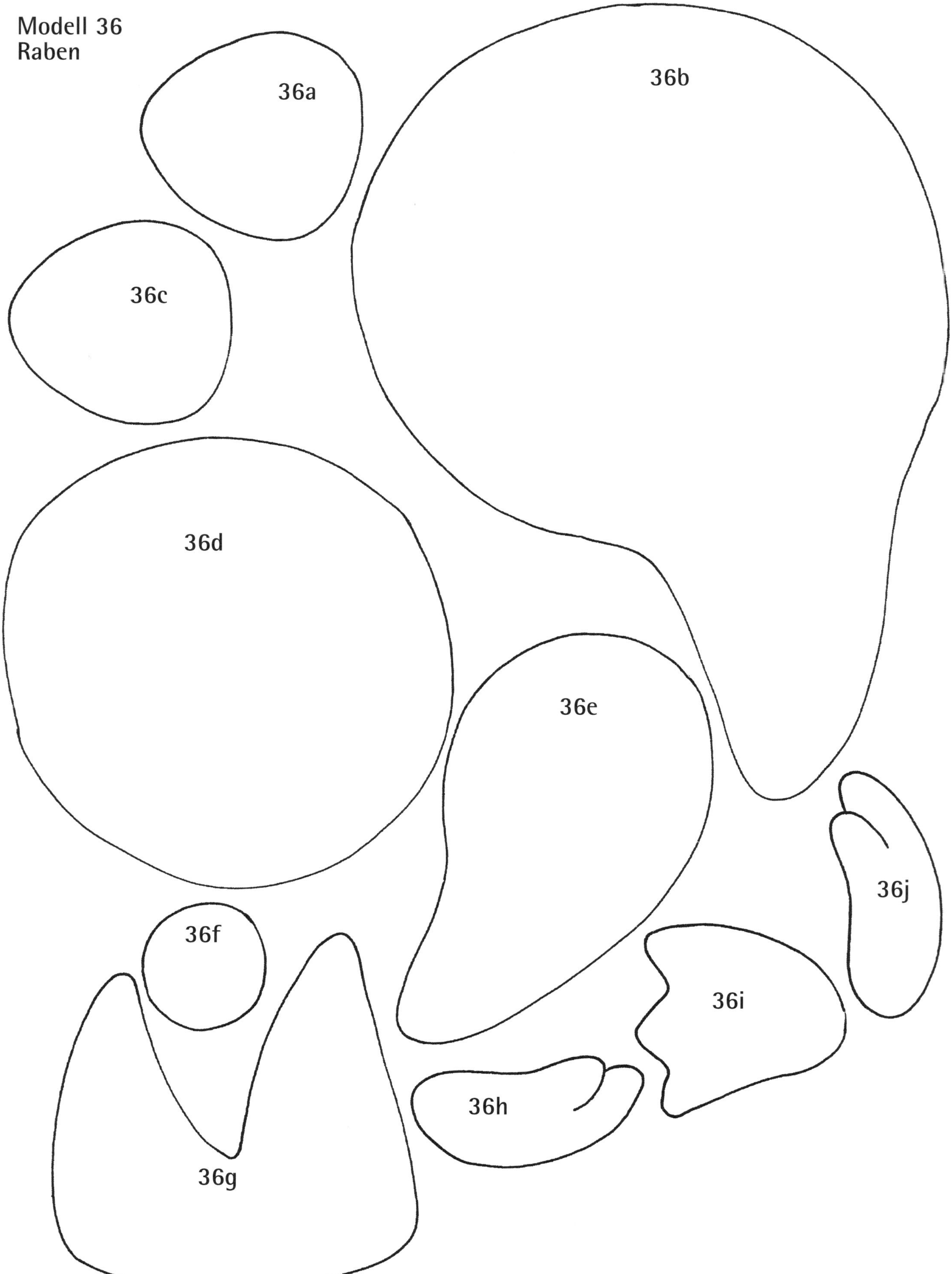

Modell 37
Gespenster und Fledermäuse

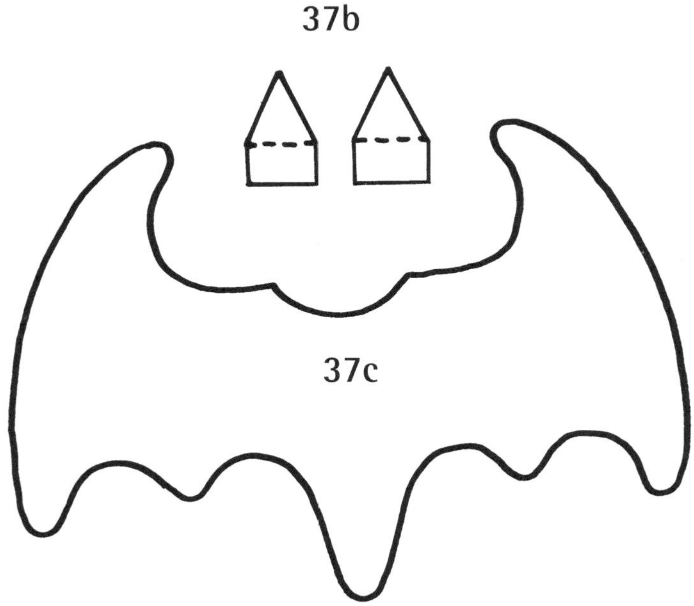

Modell 38
Pfahlgeist

Modell 39
Kürbis

Vorlagen auf 150 % vergrößern.

39c

Modell 40
Schneemann

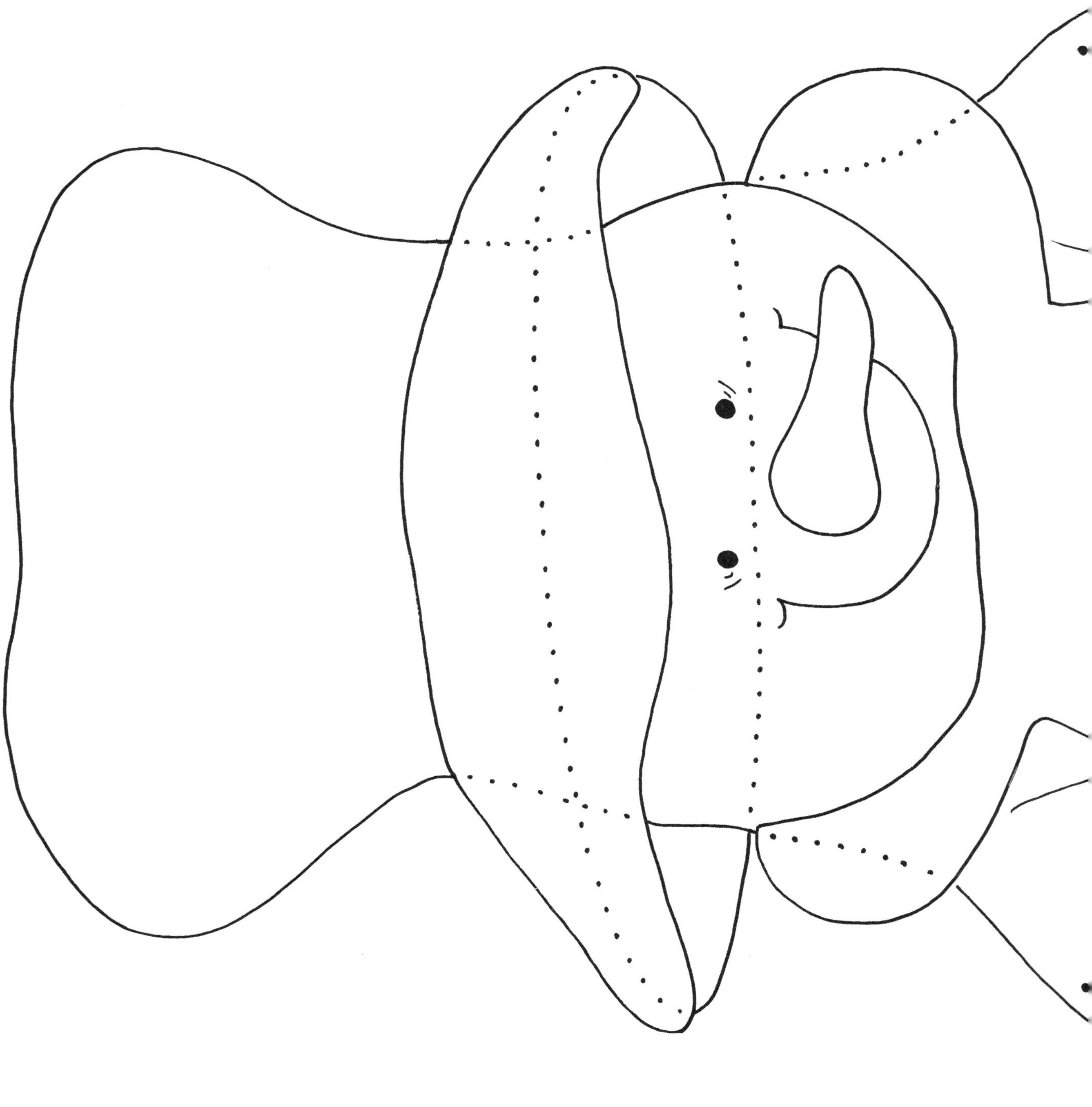

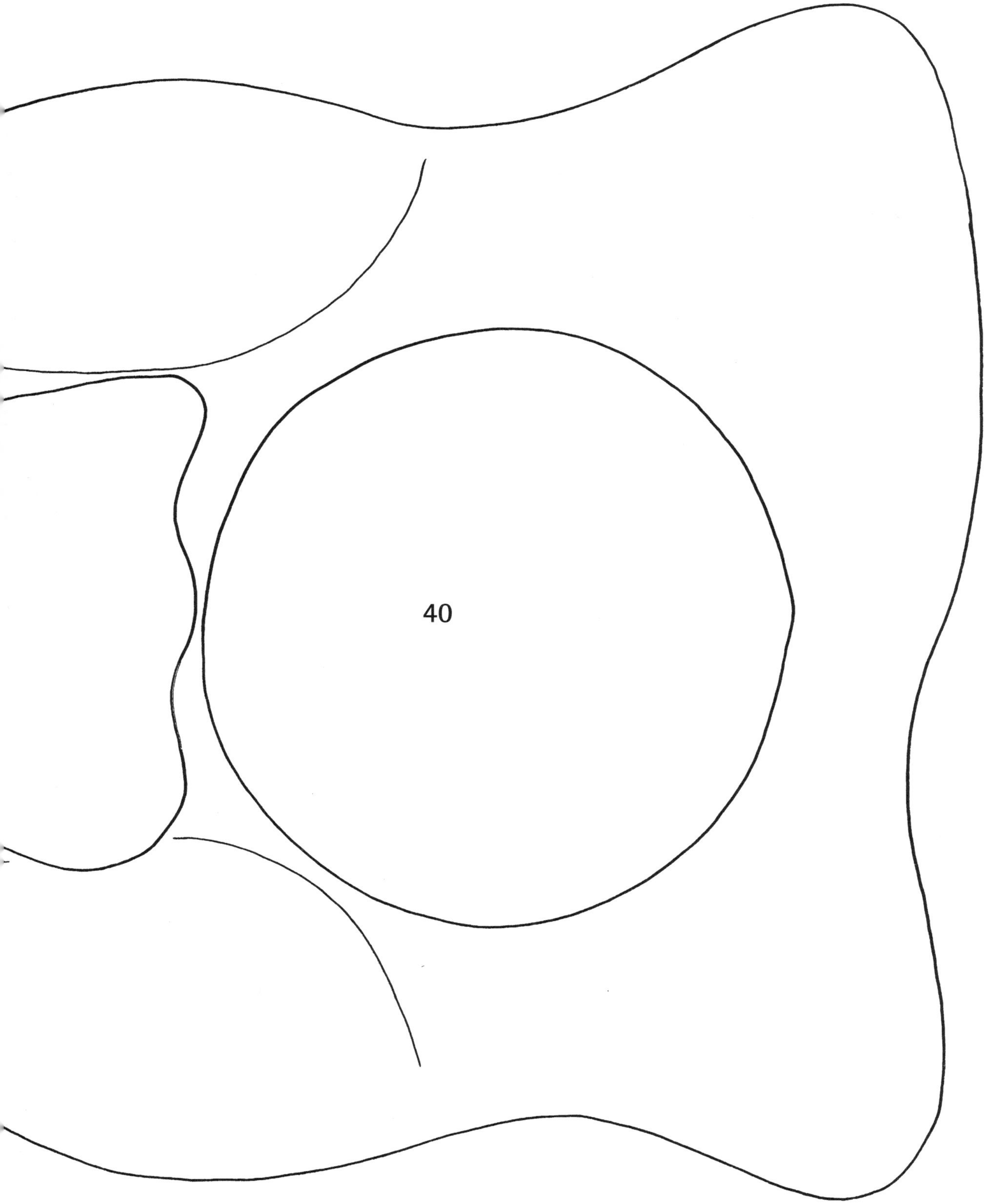
40

Modell 41
Katzenpaar

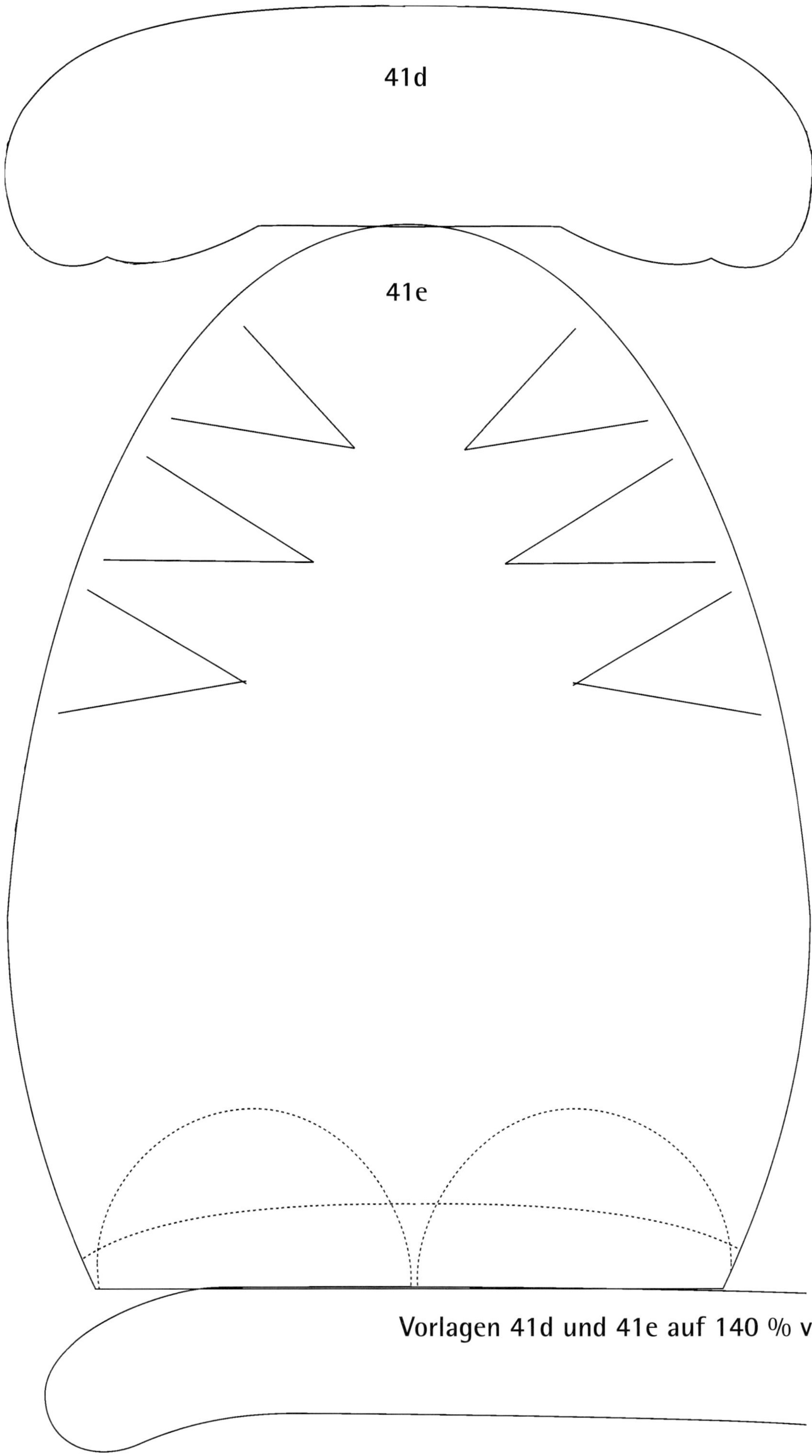

Vorlagen 41d und 41e auf 140 % vergrößern.

Modell 42
Schneehöhe? Optimal!

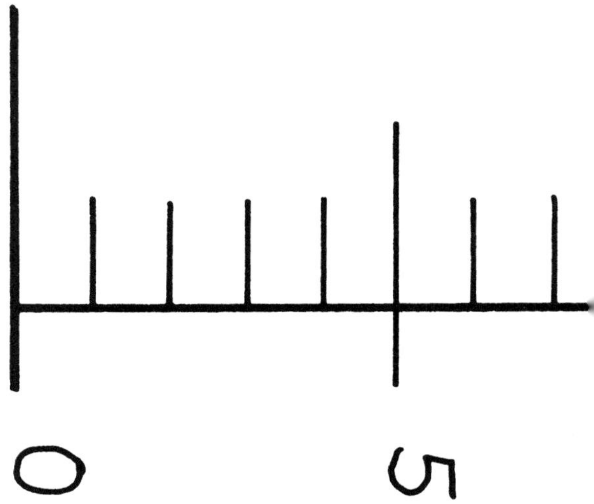

Vorlage 42a auf 140 % vergrößern.

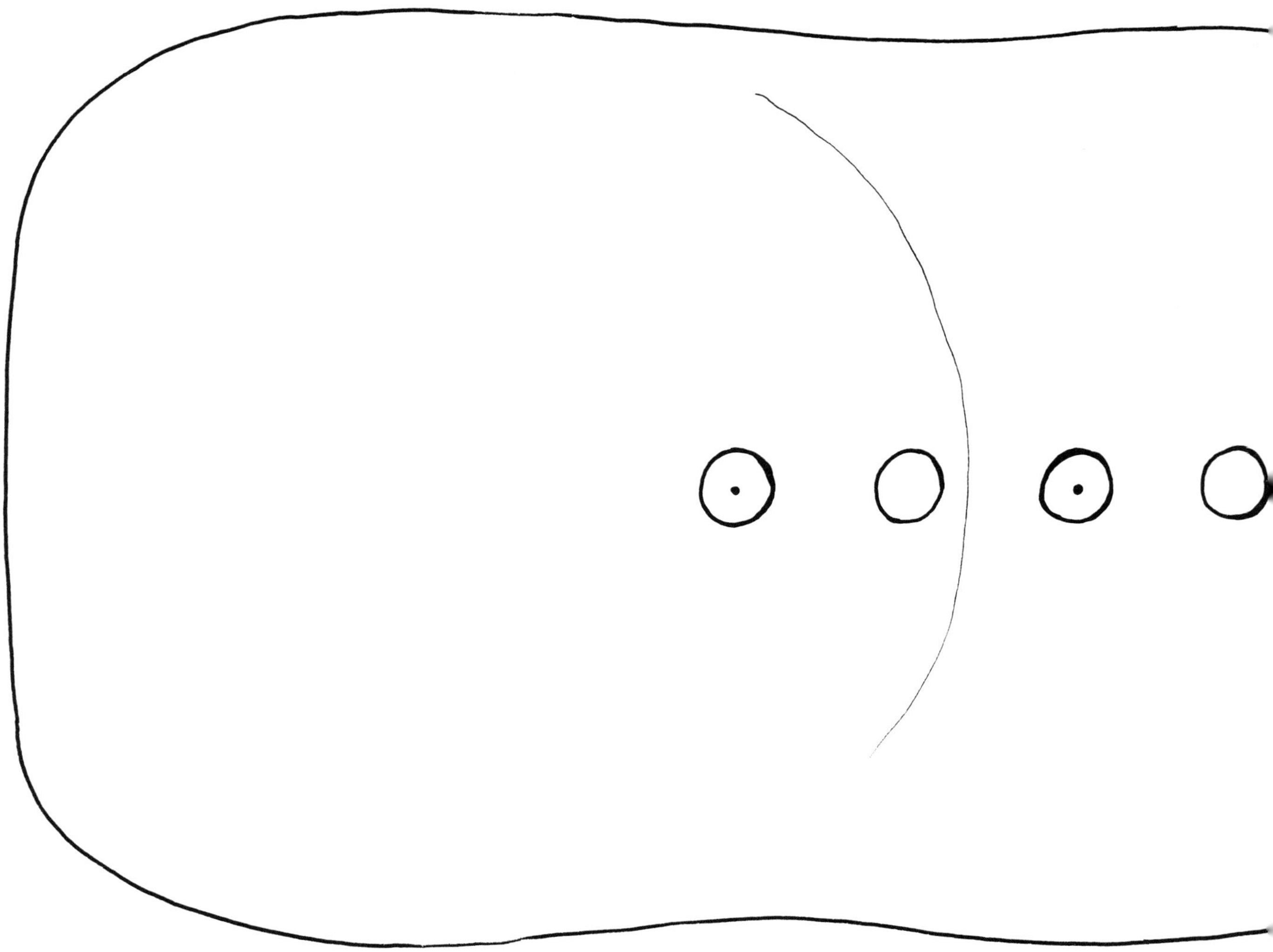

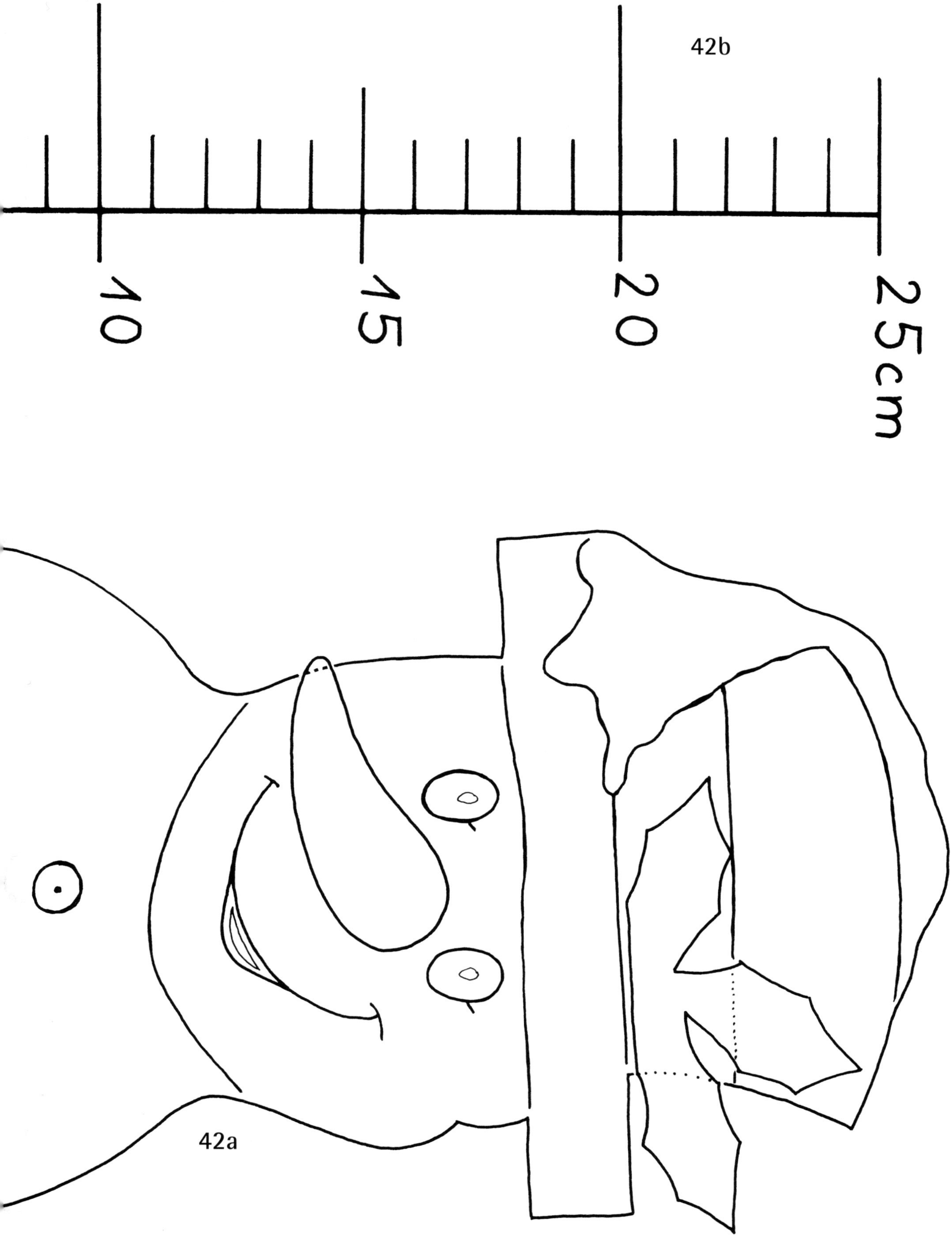
42b
10
15
20
25cm
42a

Modell 45
Schneefrau im Herz

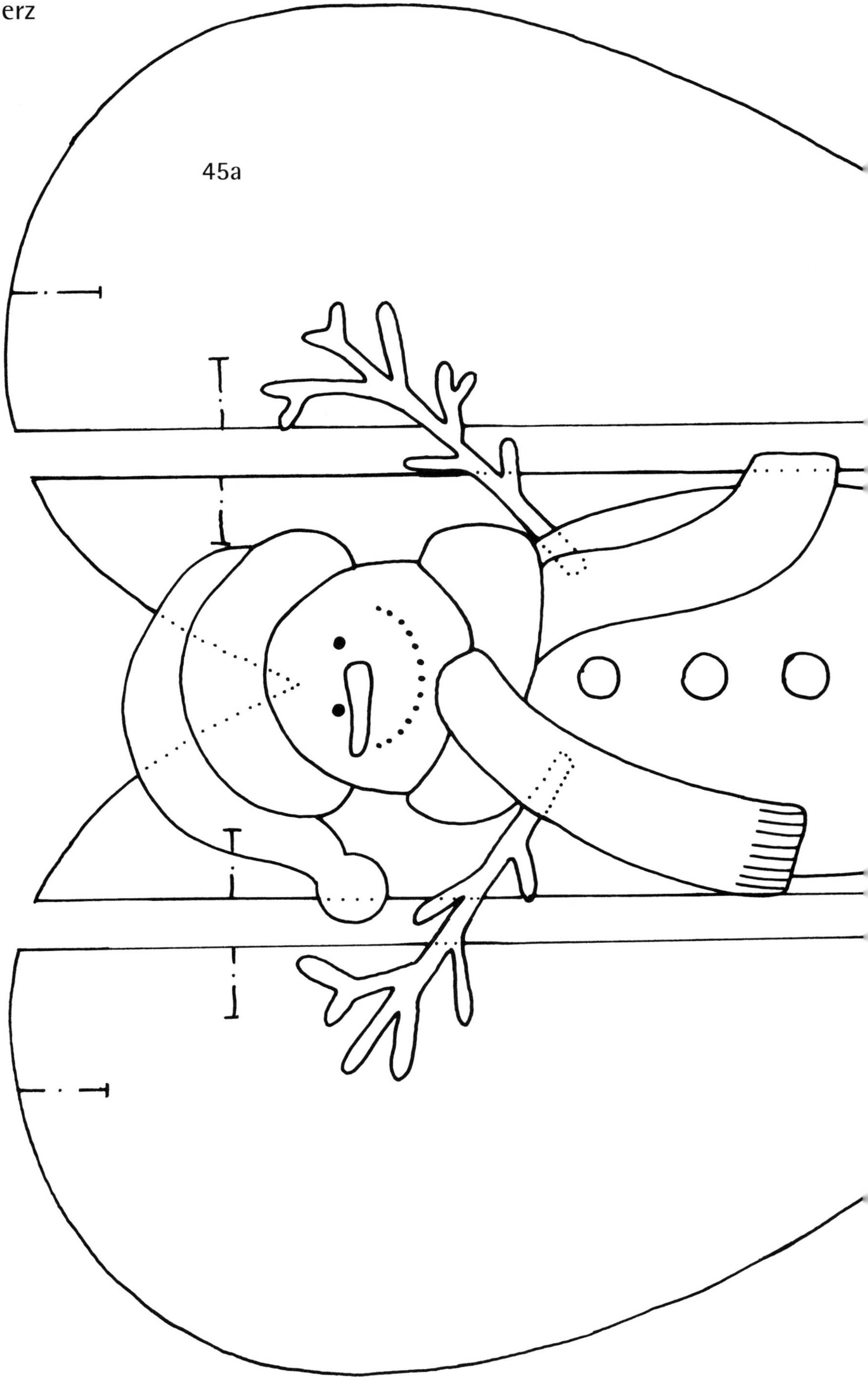

Vorlagen auf 125 % vergrößern.

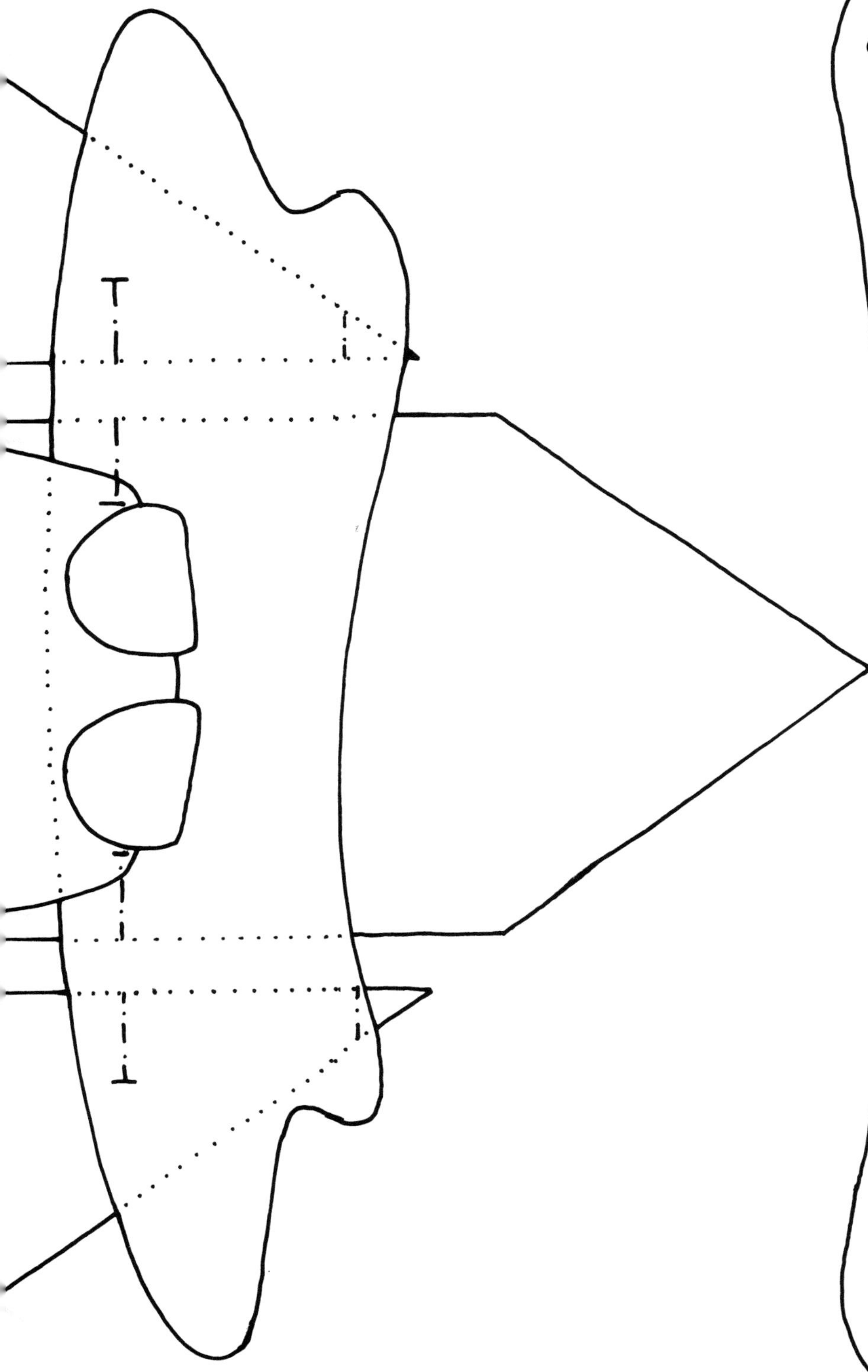

Modell 47
Deko-Gans

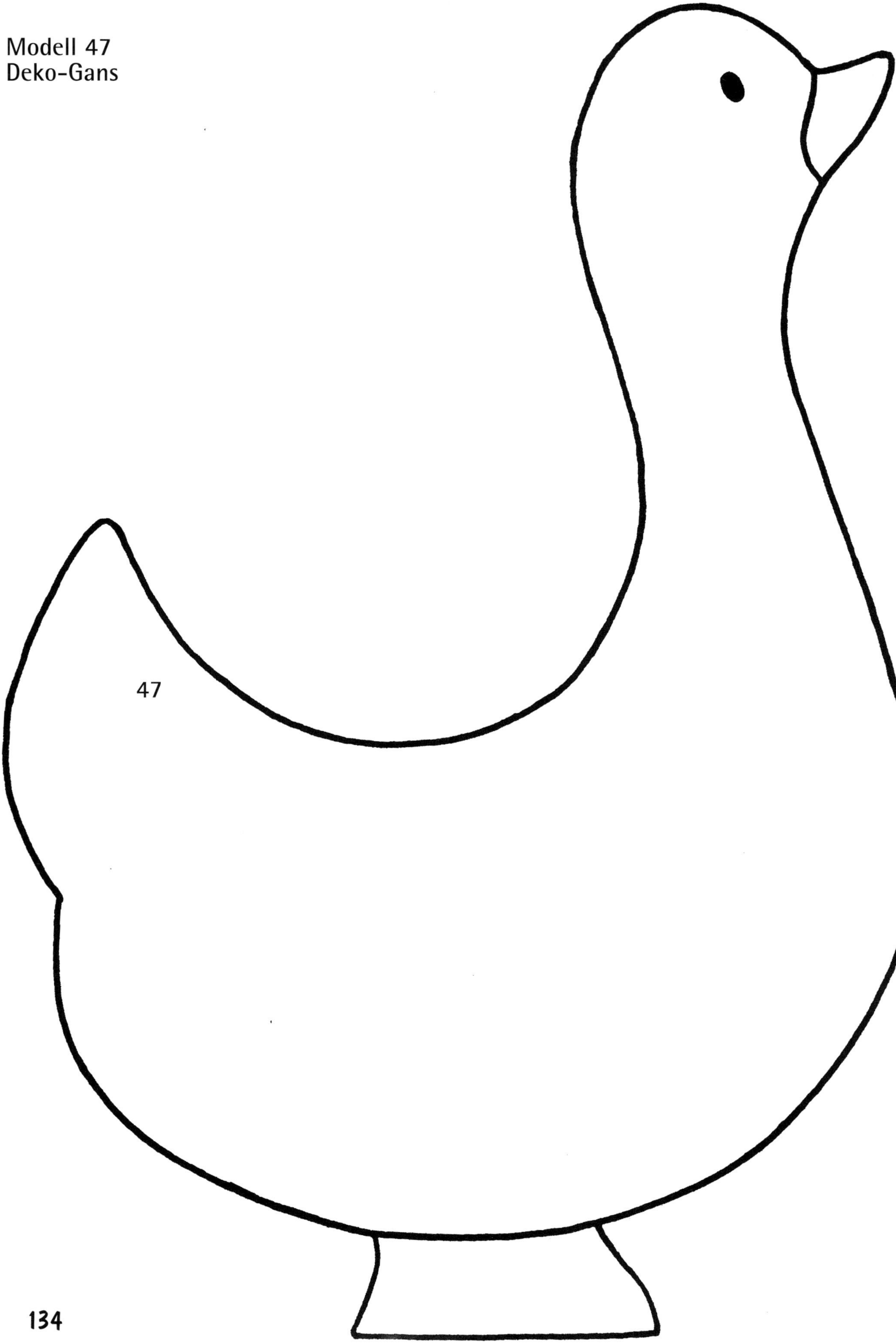

Modell 48
Weihnachtsmann

Vorlagen 48 und 49 auf
250 % vergrößern.

Modell 49
Elch

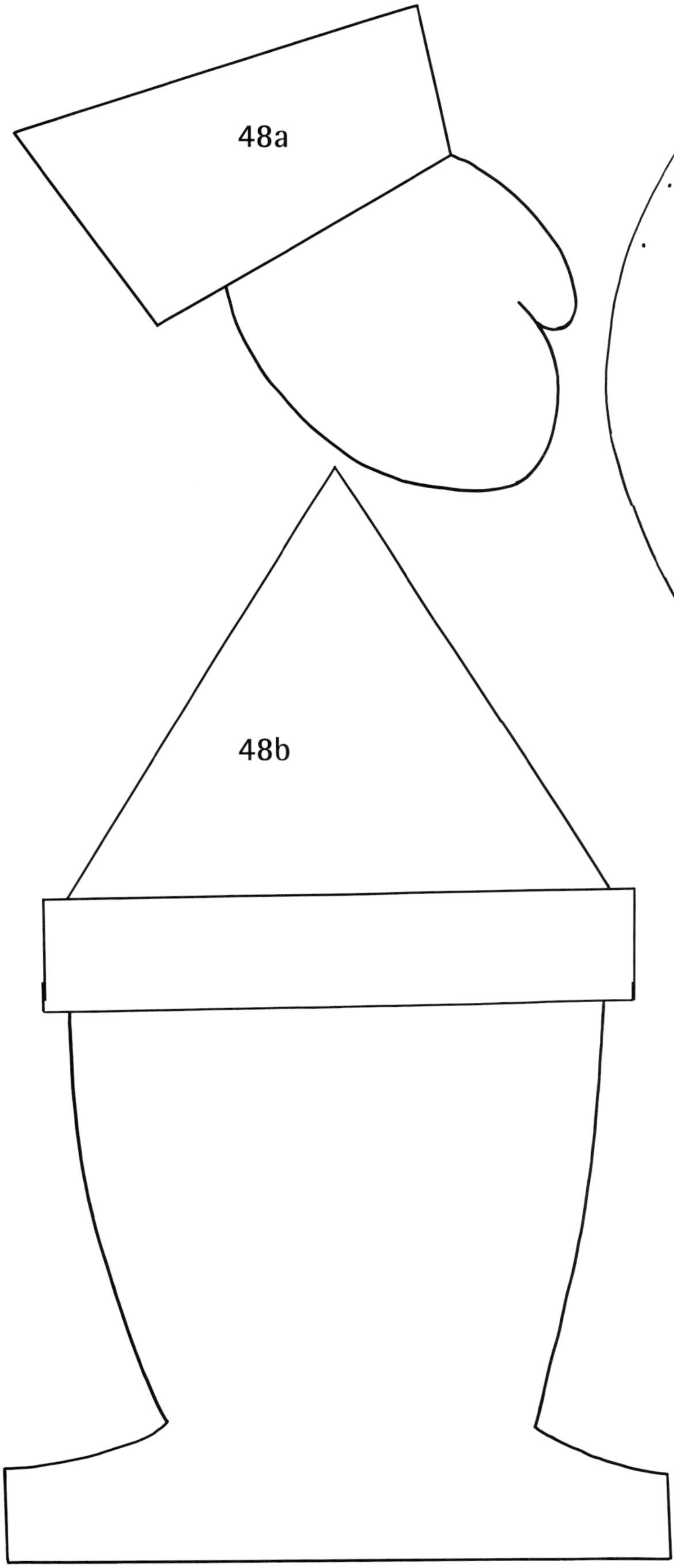

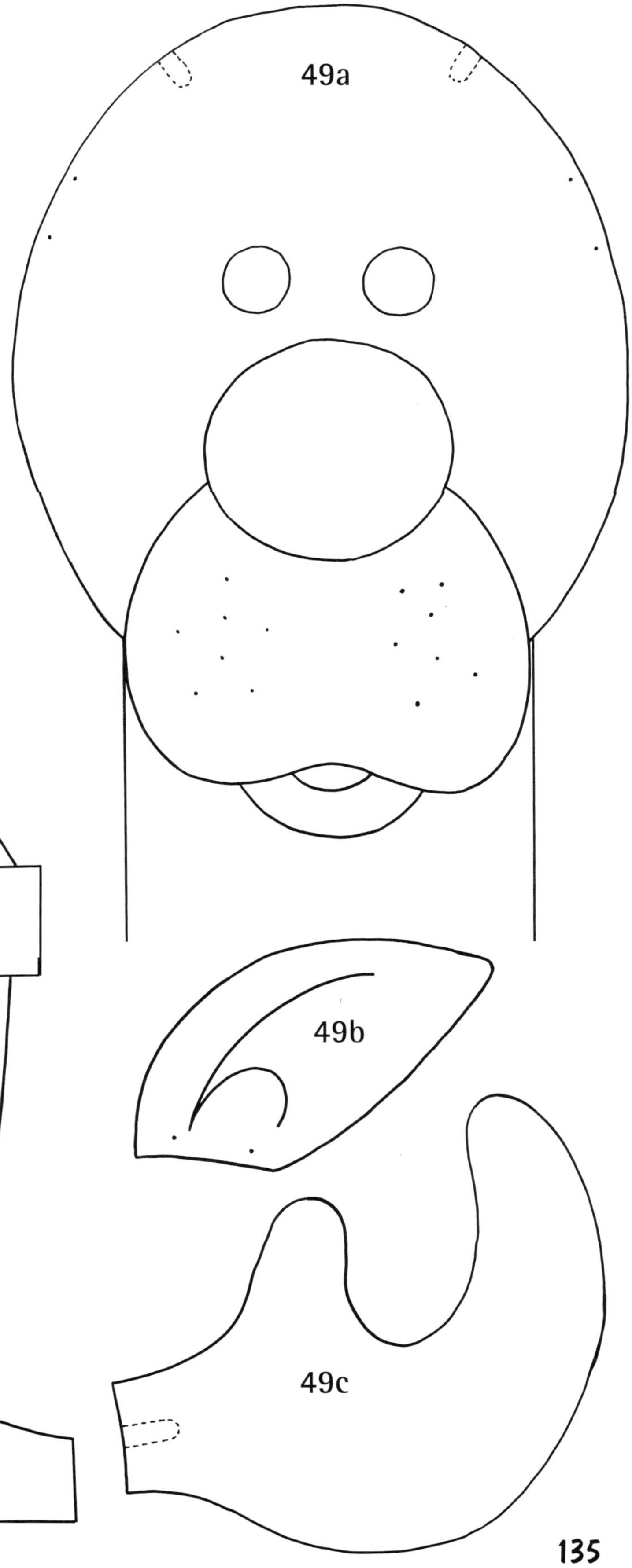

Modell 52
Himmlischer Bote

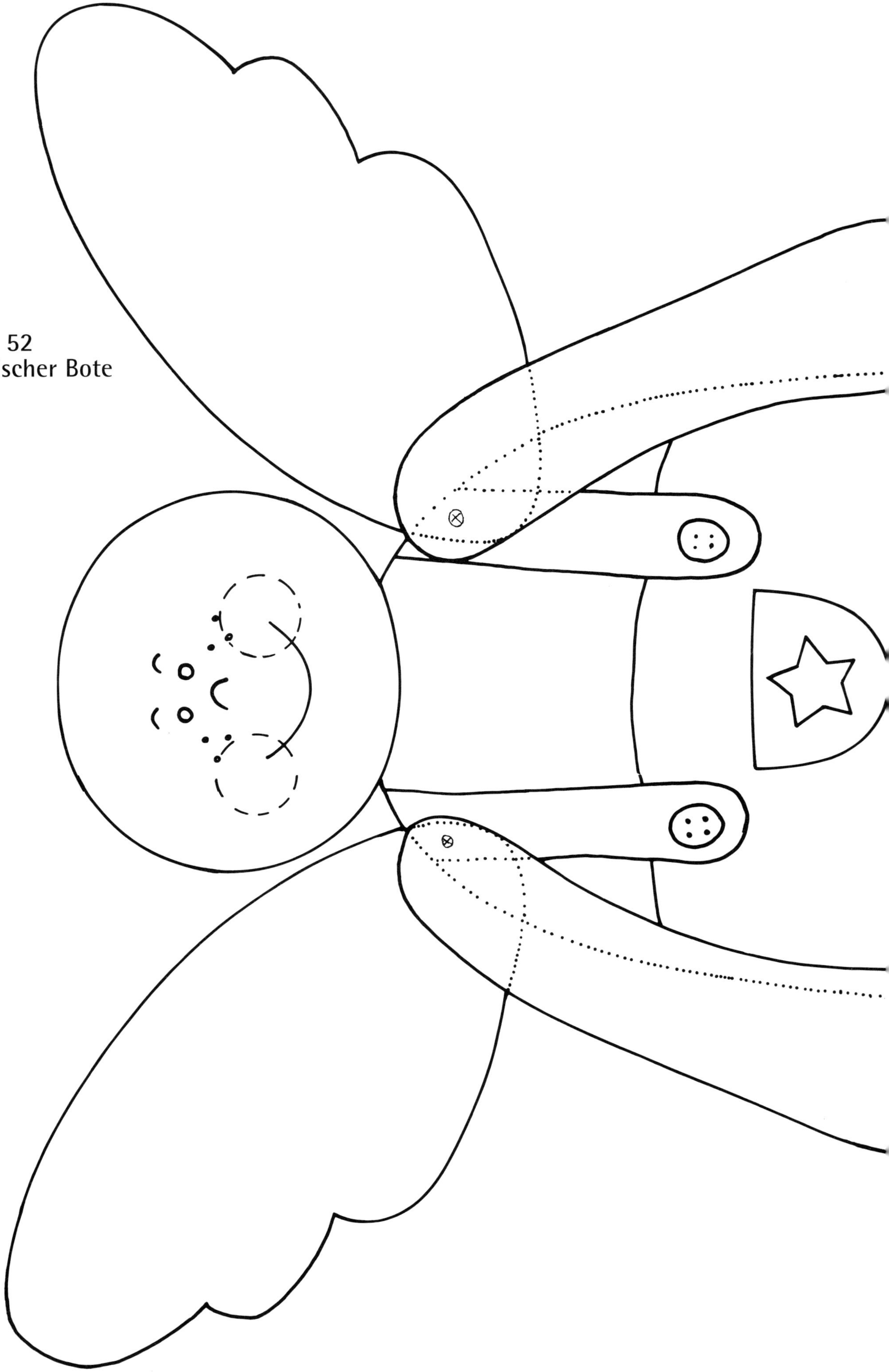

Vorlagen auf 140 % vergrößern.

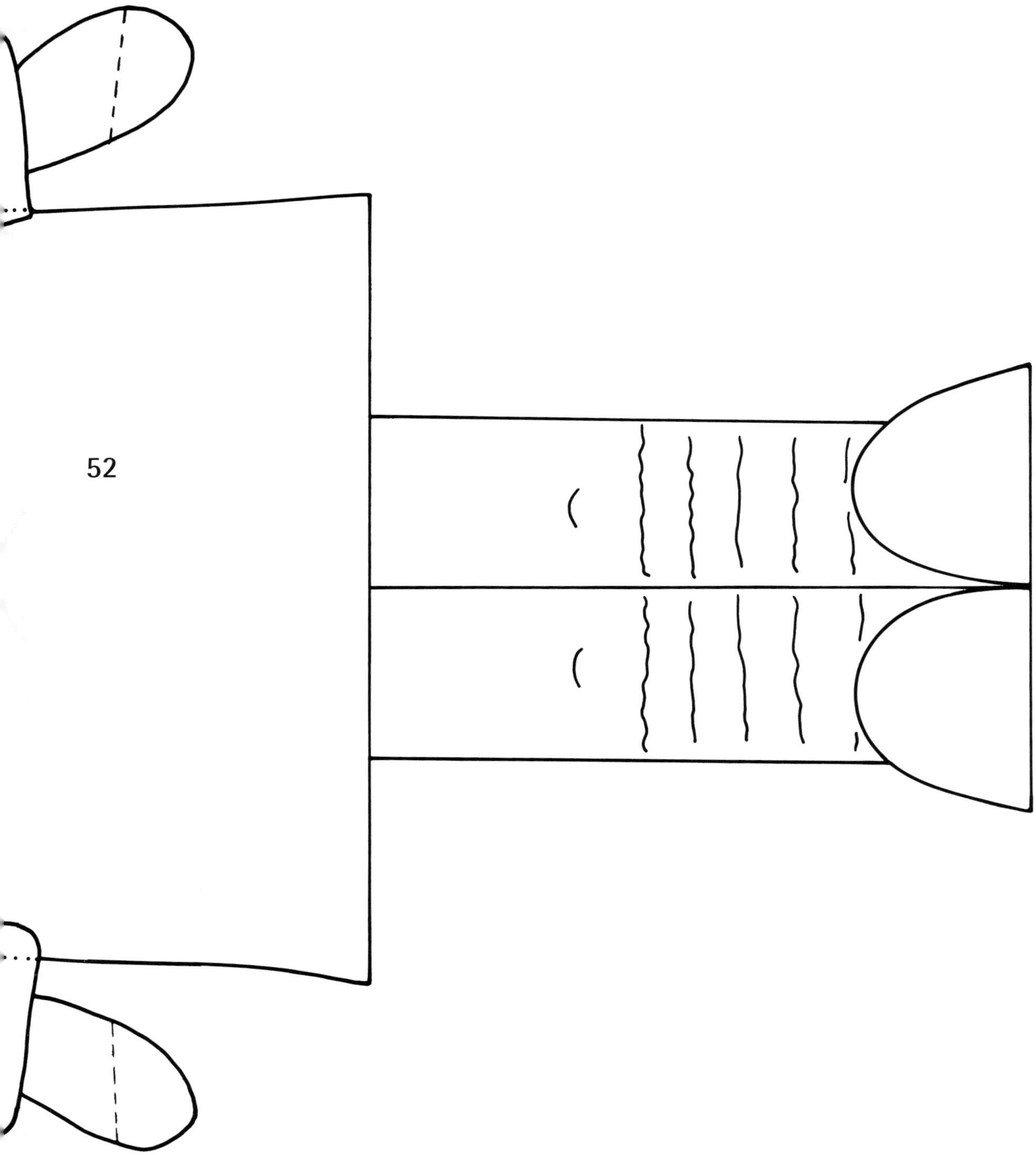

Modell 54
Schwebender Engel

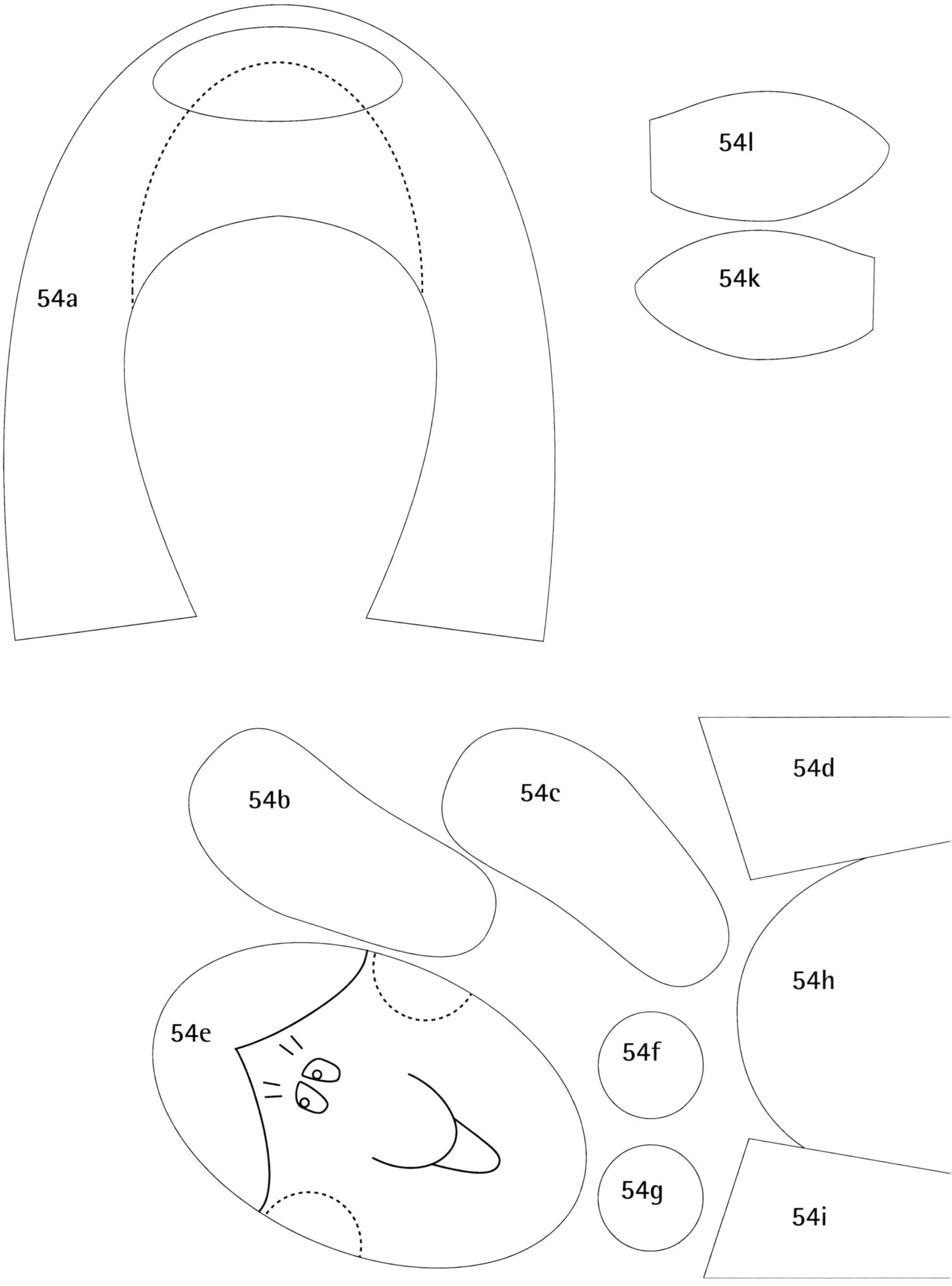

Vorlagen auf 200 % vergrößern.

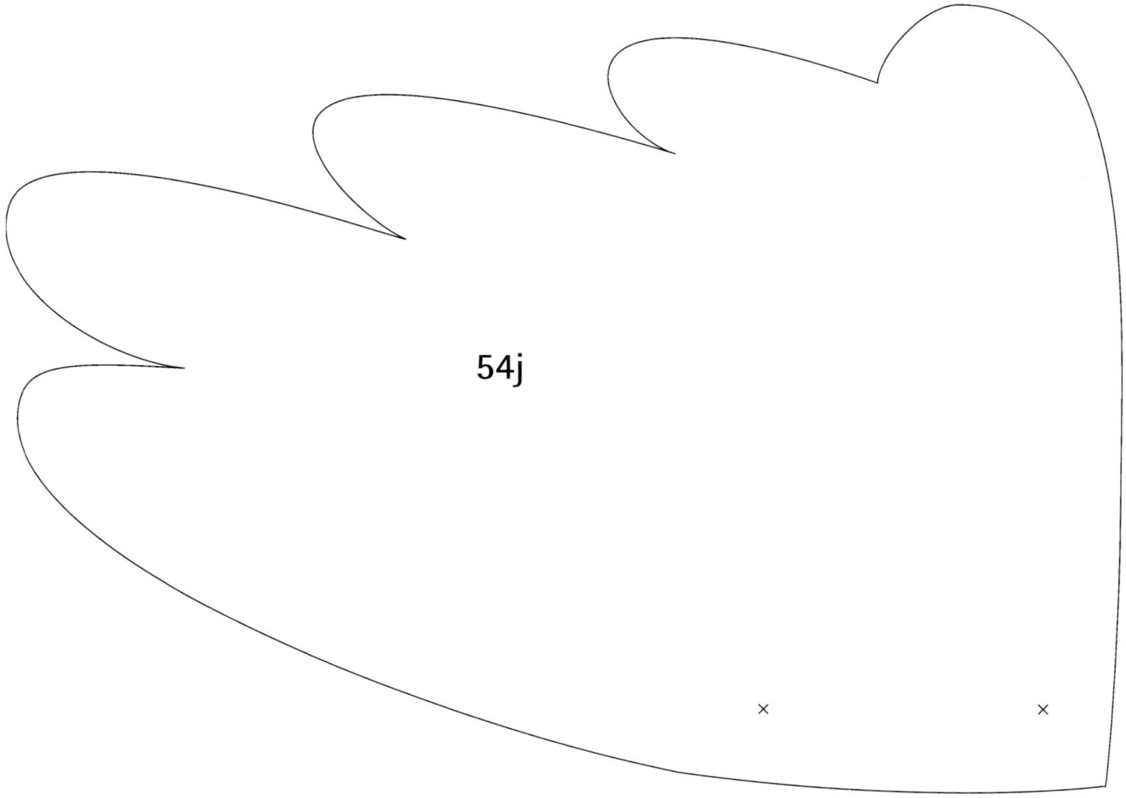

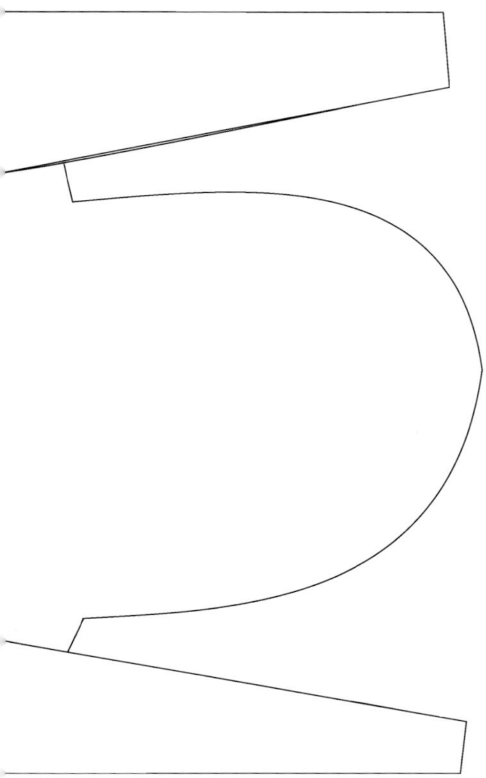

Modell 53
Nikolaus-Girlande
und -Anhänger

53b

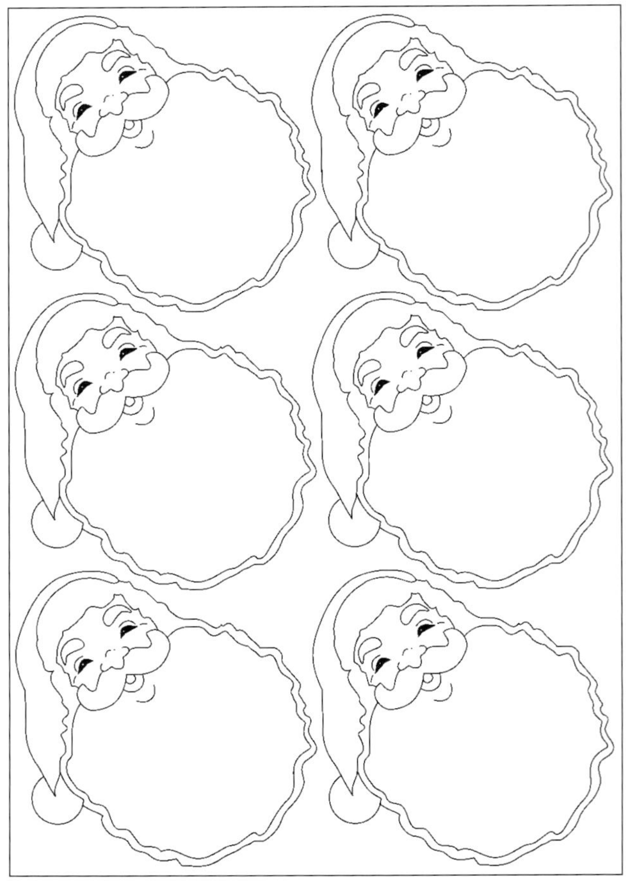

Modell 56
Engel-Diener

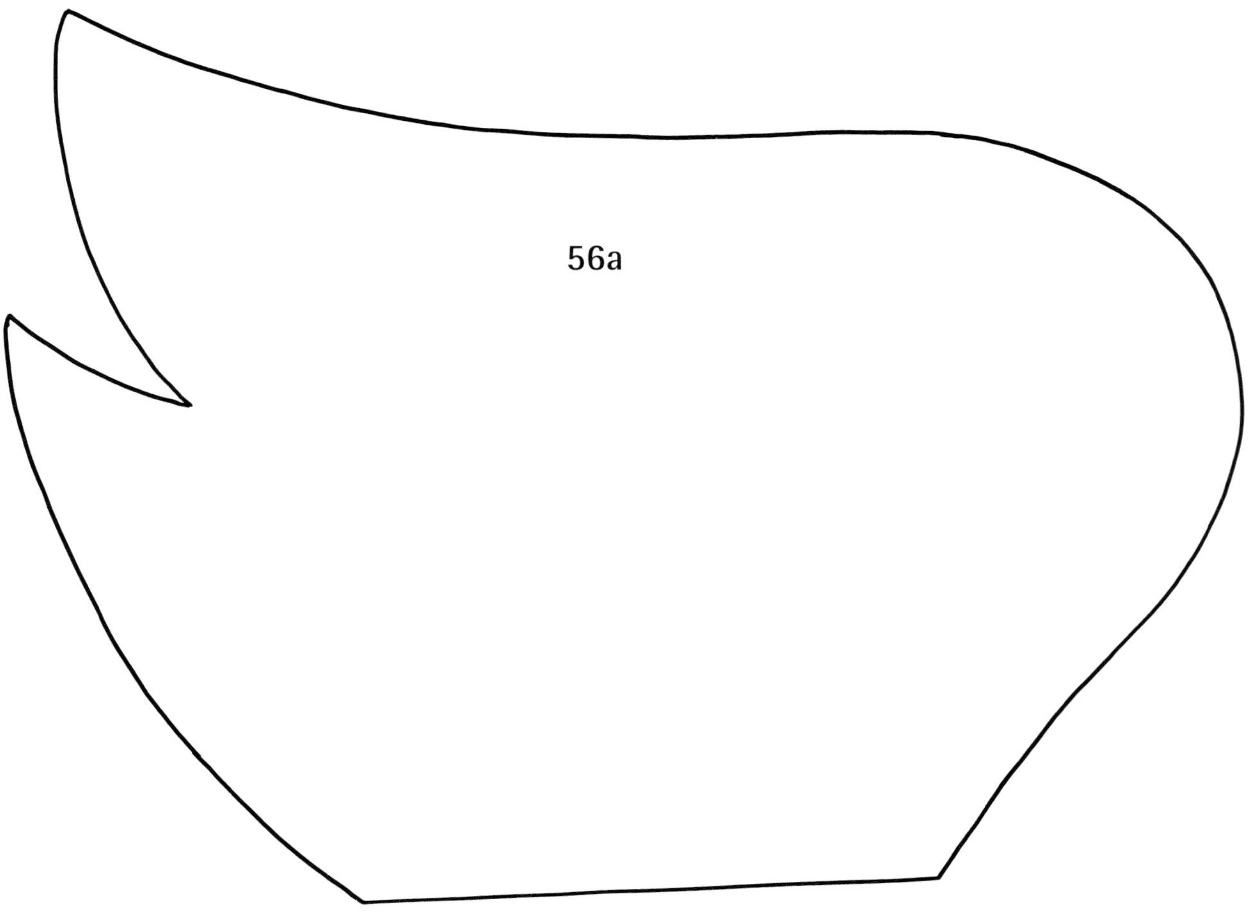

Modell 55
Windlicht

Vorlagen 56 auf 200 % vergrößern.

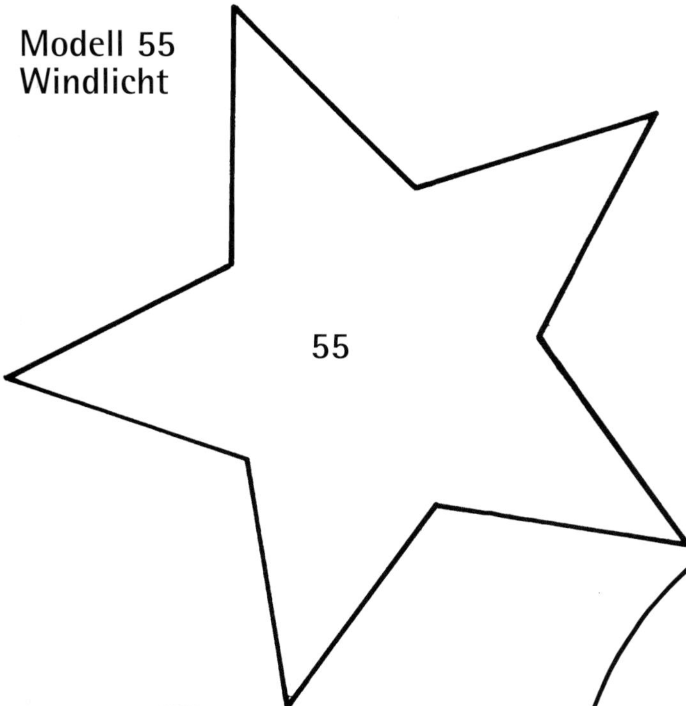

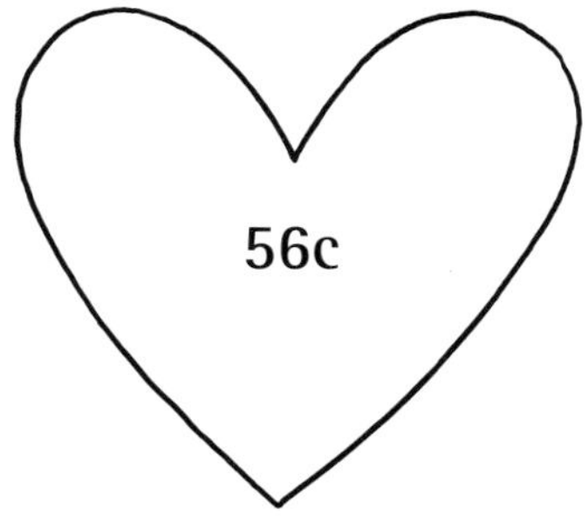

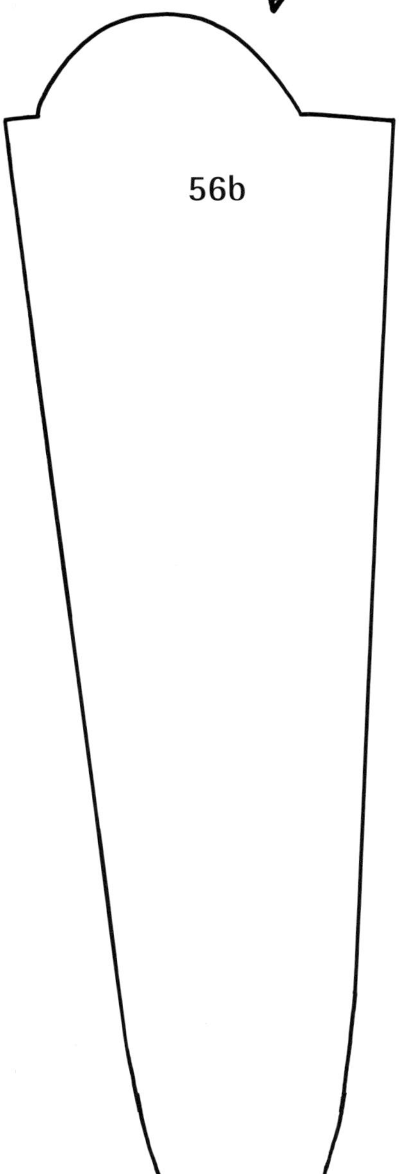

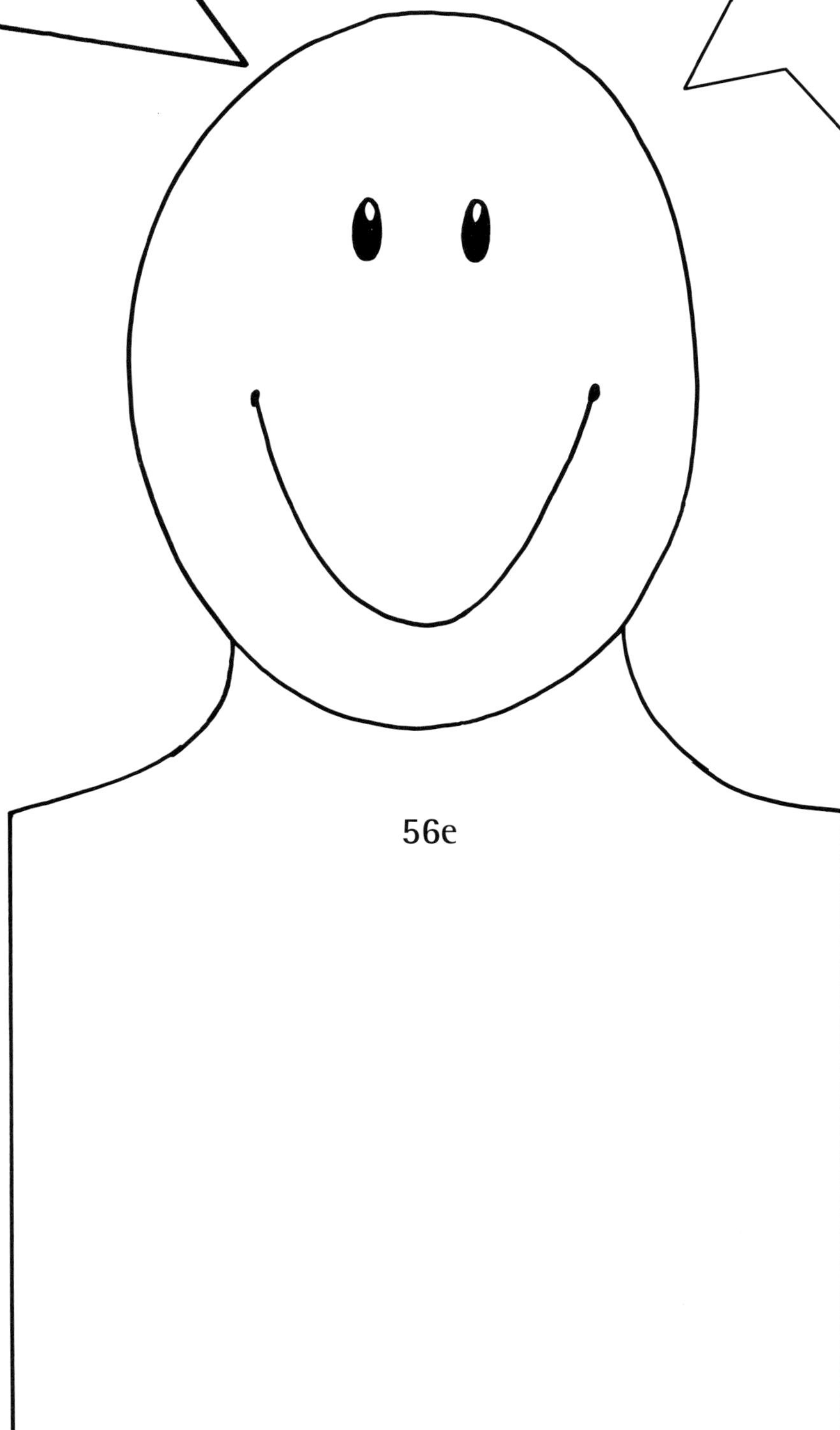

Herstellerverzeichnis

Farben und Lacke:
Marabuwerke GmbH & Co. KG
Asperger Str. 4
71732 Tamm
www.marabu-kreativ.de

Impressum

Modelle: Stephanie Feghelm, Dorina Fründt-Gehring, Antje Gern, Patricia Hansmann, Anke Krakow, Sylvia Krispin, Martina Lammel, Beate Laubis-Grondorf, Sibyll Mayer-Kuderer, Andrea Pfaff, Katja Rosenberg, Karin Schlag, Ottmar Schlag, Regina Schlegel, Werner Schultze, Karsten Sporleder, Maren Stein, Brigitte Stürmer, Dorothée Vogler

Fotos: Hermann Mareth, Oswald Visuelle Medien, Uzwei Fotodesign – Uwe Bick/Uli Glasemann/ Arthur Müller

Styling: Patricia Hansmann, Ulrike Harter, Mareike Kern, Martina Lammel, Beate Laubis-Grondorf, Sibyll Mayer-Kuderer, Tanja Medweth, Monika Pfaff-Kern, Karin Schlag, Gudrun Wittler

Redaktion: Ulrike Bogatz

Lektorat: de facto : Redaktionsbüro Karola Kimmerle

Umschlaggestaltung: Christiane Kölble

Layout: www.heydesign.de, Isabell Rinner

Repro: Baun PrePress, Fellbach

Druck und Bindung: J. P. Himmer, Augsburg

ISBN 3-89858-733-9